COLEÇÃO EXPLOSANTE

ubu

FÁBIO LUÍS FRANCO

GOVERNAR OS MORTOS

NECROPOLÍTICAS, DESAPARECIMENTO E SUBJETIVIDADE

11 PREFÁCIO
    Silvio Almeida

17 Introdução - Abram algumas valas

27 [1] COMO DESAPARECER PREENCHENDO PAPÉIS

47 [2] GESTÃO DOS MORTOS E CONTRARREVOLUÇÃO

73 [3] BRASIL: UM LABORATÓRIO NECROGOVERNAMENTAL

97 [4] COM QUAIS MORTOS SE FAZ UMA NAÇÃO?

135 Post-scriptum - Estratégias necrogovernamentais do governo federal para a gestão da pandemia no Brasil

151 POSFÁCIO
     O poder de desaparecer
     Vladimir Safatle

157 Agradecimentos
159 Referências bibliográficas
171 Sobre o autor

Para Thaís, que trouxe vida, amor e coragem.
Para Gerson e Iraci, de quem ganhei meu primeiro livro.

Que força há em assassinar o morto de novo?

SÓFOCLES, *Antígona*.

PREFÁCIO

SILVIO ALMEIDA

Este é daqueles livros que se lê com uma sensação de vertigem. Se diariamente nos esforçamos para alimentar a fantasia de que o mundo é um bom "lugar para se viver" e a morte, um evento excepcional, a leitura do primeiro capítulo já faz com que tudo isso desapareça e o mal-estar se instale. *Governar os mortos: necropolíticas, desaparecimento e subjetividade*, de Fábio Luís Franco, é uma descrição minuciosa de como o Brasil constituiu de modo singular uma *governamentalidade da morte* que nos revela como o mundo pode ser, fundamentalmente, um "lugar para se morrer".

Chama atenção o rigor conceitual do autor ao lidar com o tema das mortes e dos desaparecimentos, cerne do livro. Mortes e desaparecimentos são tratados não como simples fatos, mas como fenômenos a ser compreendidos a partir do modo com que a política se manifesta sob as condições sociais e econômicas de nosso tempo. É nesse ponto que o trabalho do filósofo camaronês Achille Mbembe e, particularmente, seu conceito de *necropolítica* têm importância central para o texto.

A necropolítica não se define apenas pela capacidade de matar do Estado, pois isso não seria novidade. A política é também o exercício do poder sobre a vida e a morte. A compreensão da necropolítica nos leva a dois esclarecimentos teóricos importantes e também fundamentais para a construção deste livro.

O primeiro é que, mais que permitir a sustentação material da vida sob determinadas condições ou causar sua interrupção, a política consiste em atribuir *sentidos* para a vida e para a morte. O que Michel Foucault chamou de *governamen-*

talidade insere-se justamente nesse contexto em que transformações políticas e sociais são relacionadas ao surgimento de distintas técnicas de dominação e, consequentemente, de diferentes sentidos para a vida e a morte.

O segundo decorre desse processo de ressignificação da vida e da morte que a política estabelece. Com efeito, se a morte pode ser ressignificada nos múltiplos contextos e formas em que o poder se manifesta, "estar morto" vai além daquilo que a medicina e o direito entendem como sendo "morte". Aliás, é interessante observar como, particularmente na história do Brasil, a medicina e o direito exerceram um papel central na política nacional, organizando saberes e produzindo práticas disciplinares sistematicamente aplicadas sobre a população. Mas a morte – e Franco caminha nessa direção – engloba o desaparecimento. O desaparecimento não se limita a fazer sumir alguém, ocultar um corpo como se nunca houvesse existido. O desaparecimento de que aqui se fala é o *desaparecimento-morte*, o desaparecimento em sua dimensão política, que não se esgota no ato de fazer sumir o suporte material da vida – o corpo –, mas que consiste no *esvaziamento da existência*. Assim, o desaparecimento político se abate sobre a história que aquele corpo poderia contar – não só a história do indivíduo cuja vida ali se sustentava, mas a história de um país.

Mais que um método, o desaparecimento revela outras dimensões da necropolítica. Não é preciso que o Estado mate; basta que ele deixe morrer ou deixe matar. Ou ainda: que deixe que se matem uns aos outros. Não é preciso que o Estado suma com os corpos; é suficiente que não procure os desaparecidos nem quem os fez desaparecer. Como o Estado detém o monopólio da investigação e da persecução criminal, o desaparecimento-morte depende da omissão do sistema de justiça. Ora, sem um sistema de justiça necrófilo, não se faz um necrogoverno eficiente.

O livro também faz uma leitura precisa da necropolítica na análise da exceção. Mbembe propõe o conceito de necropolítica como resultado de uma crítica ao conceito de biopolítica de Foucault, que, segundo o autor camaronês, não capta como a governamentalidade neoliberal é pautada pela exceção. Dado que o neoliberalismo tem provocado a deterioração dos sistemas de proteção social e o aumento da desigualdade social, o uso sistemático da violência contra a própria população – que até então caracterizava o modo de atuar de governos tidos como "de exceção" ou próprio de países periféricos – tornou-se o modo de governo em todos os lugares do mundo. Em outras palavras, o neoliberalismo impõe aquilo que Agamben chama de "estado de exceção permanente".

É por esse motivo que, ao voltar-se para a ditadura brasileira de 1964–1985, Franco faz um grande acerto e nos oferece um poderoso elemento de análise da necropolítica brasileira. A "exceção" da ditadura, com suas torturas, mortes e desaparecimentos, constitui a "normalidade" do cotidiano dos moradores de favelas e periferias. Assim como as técnicas de dominação e sujeição criadas no colonialismo e no apartheid ensinaram os governos nazista, estadunidense e sul-africano a lidar com seus inimigos internos, as tecnologias surgidas com a escravidão negra e indígena e, mais recentemente, com a ditadura também renderam aos governos brasileiros lições importantes de como governar.

Nenhuma análise da necropolítica estaria completa se não considerasse o racismo. E o autor o menciona, tanto em sua dimensão objetiva como na subjetiva. Na dimensão objetiva, o racismo se apresenta como tecnologia de poder que permite a seleção dos que devem morrer. Matar, sequestrar, sumir com o corpo, arrastar o corpo na traseira de um carro, dar oitenta tiros em um homem ou não investigar um assassinato são fatos cotidianos que reforçam a ideia de que certas vidas não valem nada, não importam. Isso tudo é mais fácil, mais palatável, quando o corpo é um corpo feito-para-a-morte, quando é um corpo negro.

O racismo constitui o corpo negro como um "corpo sem vida", ou seja, sem valor, sem sentido nem história. Por isso, tem de ser um corpo proibido de dançar, salvo para entreter os brancos; tem de ser um corpo que não pode participar de ritos religiosos que o ressignifiquem; o corpo negro tem de permanecer *sem sentido*, *sem vida*, e, por isso, a ele se devem negar até os ritos fúnebres, pois estes servem para preencher de história (e memória) a vida que se foi. Por isso, a morte não basta: para o corpo negro, é necessário o desaparecimento-morte. Ao afirmar que "o racismo não apenas mata como faz com que os vivos se identifiquem como já mortos" (p. 98), Franco ressalta a dimensão subjetiva do racismo. O racismo é a morte que se abate mesmo quando a vida biológica prossegue. É a *melancolização*, esse viver no eterno banzo, na tristeza sem fim, na depressão. A melancolização de que o livro trata assemelha-se a um desaparecimento, mas *que começa de dentro para fora* – quando, por exemplo, você sente que vive em um mundo que, mais que não ter sido feito *para* pessoas como você, foi feito *contra* pessoas como você. A dominação, portanto, só funciona caso, além da coerção, se valha de mecanismos ideológicos que nos convençam da máxima de Margaret Thatcher de que "não há alternativa".

No momento em que o Brasil se torna o exemplo mais bem-acabado da junção inextrincável de necrogoverno e neoliberalismo, o livro de Fábio Luís Franco é um potente diagnóstico sobre o funcionamento dos mecanismos políticos e ideológicos que compõem a política em nosso tempo e em todo o mundo.

SILVIO ALMEIDA é professor da Fundação Getúlio Vargas e da Universidade Presbiteriana Mackenzie, professor visitante da Universidade Columbia (EUA) e advogado e presidente do Instituto Luiz Gama. É autor dos livros *Racismo estrutural* (Jandaíra, 2018), *Sartre: Direito e política* (Boitempo, 2017) e *O direito no jovem Lukács: A filosofia do direito em história e consciência* (Alfa-Omega, 2006).

INTRODUÇÃO
ABRAM ALGUMAS VALAS

> *Aqui os ditadores tentaram esconder os desaparecidos políticos, as vítimas da fome, as vítimas da violência do Estado policial e dos esquadrões da morte e sobretudo os direitos dos cidadãos pobres da cidade de São Paulo. Fica aqui registrado que os crimes contra a liberdade serão sempre descobertos.*
>
> Texto do memorial construído sobre o local da vala clandestina descoberta em Perus.

4 de setembro de 1990.

Nesse dia de céu claro no bairro de Perus, na periferia da zona noroeste de São Paulo, em meio à terra, às raízes, ao cascalho e às pedras do cemitério Dom Bosco, foram descobertos centenas de sacos plásticos azuis contendo restos mortais humanos. Familiares de mortos e desaparecidos pela ditadura brasileira, policiais, peritos e antropólogos forenses, religiosos, repórteres e a prefeita da capital paulista, Luiza Erundina, acompanhavam atentos os movimentos das pás, enxadas e picaretas dos sepultadores. Começava a ser exumada do desaparecimento a *vala clandestina de Perus*.[1]

---

1 A vala é considerada um local clandestino de sepultamento por não estar incluída na planta do cemitério, não ter registro legal de criação nem registro da transferência dos corpos nela inumados. Ver Comissão da Memória e Verdade da Prefeitura de São Paulo, *Relatório*. São Paulo: Secretaria de Direitos Humanos e Cidadania da Prefeitura Municipal de São Paulo, 2016, p. 172. Ela foi criada em 1976 a fim de servir de local para a reinumação de corpos que haviam sido exumados, entre meados de 1975 e 1976, das quadras 1 e 2 da gleba 1 do cemitério Dom Bosco.

A ocorrência de sepultamentos clandestinos em Perus não era ignorada pelos que buscavam localizar os desaparecidos pela ditadura. Já no início da década de 1970, investigações haviam confirmado o ocultamento de cadáveres de opositores políticos ao regime de exceção naquele cemitério periférico,[2] inaugurado em março de 1971 pelo prefeito Paulo Maluf. Logo no primeiro dia de funcionamento, a necrópole recebeu cerca de dezesseis corpos de "desconhecidos" procedentes dos anatômicos da Escola Paulista de Medicina e da Faculdade de Medicina da Universidade de São Paulo, segundo depoimento do funcionário Nelson Pereira dos Santos à CPI Perus.[3] Para os familiares dos desaparecidos, tudo levava a crer que entre esses "desconhecidos" enviados ao cemitério, provenientes de hospitais e institutos médico-legais, encontravam-se os corpos de seus parentes, amigos e companheiros assassinados pela repressão. Tal crença foi respaldada pela localização de cadáveres enterrados sob identidade falsa, como o do militante da Aliança Libertadora Nacional (ALN) Luiz Eurico Tejera Lisbôa, inumado com o nome Nelson Bueno. Seus despojos mortais foram localizados por sua companheira, Suzana Keniger Lisbôa, após incansável pesquisa nos livros de sepultamento do cemitério.[4] A supressão da identidade dos corpos, bem como

---

2   Secretaria de Direitos Humanos da Presidência da República, *Habeas corpus: que se apresente o corpo – A busca dos desaparecidos políticos no Brasil*. Brasília: Secretaria de Direitos Humanos, 2010, p. 124.

3   Instituída pela Câmara Municipal de São Paulo em 5 de outubro de 1990, a "CPI Perus – Desaparecidos Políticos foi a primeira Comissão Parlamentar de Inquérito com o objetivo de averiguar as circunstâncias das mortes e desaparecimentos de opositores do regime militar". Ver Luiz Hespanha, "A primeira Comissão da Verdade", in I. Cardoso e L. Bernardes (orgs.), *Vala clandestina de Perus: desaparecidos políticos, um capítulo não encerrado da história brasileira*. São Paulo: Instituto Macuco, 2012, p. 32.

4   Maria Amélia de A. Teles e Suzana Keniger Lisbôa, "A vala de Perus: um marco histórico na busca da verdade e da justiça!", in I. Cardoso e L. Bernardes (orgs.), *Vala clandestina de Perus*, op. cit., p. 62. A procura de informações sobre desaparecidos nos cemitérios ou no IML não se dava sem risco ou ameaças. Para uma lista de militantes de organizações revolucionárias cujas ossadas foram

a substituição dessa por outra, constituíam procedimentos recorrentes do dispositivo de desaparecimento montado pelo Estado ditatorial brasileiro.

Em 1979, o administrador do cemitério Dom Bosco, Antônio Pires Eustáquio, preocupado com a ausência de registros sobre a destinação de restos mortais de "indigentes" exumados, decidiu procurar informações junto aos sepultadores:

> Nos livros de óbito, olhando, pesquisando, eu via: "exumado em tanto de tanto e reinumado no mesmo local", que é o procedimento padrão pela legislação do Serviço Funerário. Para os indigentes também o procedimento era esse. Só que lá tinha uma diferença, o que realmente me preocupou e me levou a pesquisar até encontrar. No registro dos livros dos indigentes constava: "exumado em tanto de tanto", só. Mais nada. Cadê os ossos? Pra onde que foram? Aí eu comecei a perguntar. Ninguém, eu notei perfeitamente, que ninguém queria falar daquilo lá, porque, segundo eles, tinham pavor de comentar isso aí, porque diziam que eram terroristas.[5]

Com base em alguns indícios, Eustáquio perfurou o local em que estaria a vala com um instrumento para aferir a profundidade do solo escavado; percebeu, assim, que a terra havia sido revolvida.[6] No mesmo ano, com a ajuda de Eustáquio, Gilberto Molina consegue da Prefeitura autorização para abrir a vala – o corpo de seu irmão, o desaparecido político Flávio de Carvalho Molina, também havia entrado em Perus com o nome falso de Álvaro Lopes Peralva. No local, encontram entre cinco e dez sacos com remanescentes esqueléticos sem qualquer etiqueta ou forma de identificação.[7] Essa foi a

---

encontradas em Perus, ver L. Hespanha, "A primeira Comissão da Verdade", op. cit., p. 30.

5 Comissão da Verdade do Estado de São Paulo "Rubens Paiva", *Relatório*, t. 1, parte 1: *a formação do grupo de antropologia forense para a identificação das ossadas da vala de Perus*. São Paulo: Assembleia Legislativa do Estado de São Paulo, 2015, p. 338.

6 Ibid., p. 391.

7 Ibid., p. 338.

primeira escavação da vala desde que deixara de ser utilizada para ocultar cadáveres.

No entanto, a abertura oficial da vala de Perus só pôde acontecer onze anos depois. Em visita ao cemitério de Perus para as apurações que realizava para uma série de reportagens, o jornalista Caco Barcellos[8] foi procurado por Antônio Eustáquio, que lhe confirmou a existência de uma vala clandestina em uma área contígua à administração da necrópole.[9] A partir dessa denúncia, Barcellos e sua equipe começaram a apurar e cruzar informações dos laudos necroscópicos do Instituto Médico Legal com a lista de desaparecidos políticos, relatos de familiares de desaparecidos, reportagens publicadas na imprensa e livros de registro de óbitos do cemitério. Aos poucos, a investigação localizou fichas com dados que correspondiam às características e circunstâncias de morte de vários dos militantes desaparecidos.

Impulsionado por esses achados, Caco Barcellos, por meio da Rede Globo, encaminhou ao Serviço Funerário Municipal de São Paulo um pedido para escavação do local onde a vala fora criada catorze anos antes.[10] De acordo com pesquisas dos antropólogos forenses Rafael de Abreu e Souza e Márcia Lika Hattori, ao cabo do trabalho de escavação, em 1990, foram retiradas da vala "aproximadamente 1 410 pessoas com nome e sobrenome, além de nativivos[11] e natimortos,

---

8   O jornalista investigava a venda de caixões nos cemitérios da capital paulista, para a produção de uma reportagem para a Rede Globo e a elaboração de uma pesquisa maior sobre assassinatos cometidos por policiais militares do Estado de São Paulo, que resultou, em 1992, no livro *Rota 66*. Ver L. Hespanha, "A primeira Comissão da Verdade", op. cit., p. 31.

9   Ibid.

10   M. A. A. Teles e S. K. Lisbôa, "A vala de Perus", op. cit., p. 52.

11   Segundo os manuais de medicina legal, natimorto é o nome dado ao feto que morreu antes de sua extração do útero materno ou durante o parto. Já nativivo é o termo usado pelo Instituto Brasileiro de Geografia e Estatística (IBGE) para um produto concebido pelo corpo materno que, após sua extração ou expulsão, ainda apresenta sinais vitais.

mais 532 desconhecidos"[12] – os corpos dos subadultos exumados teriam sido descartados *in loco*, pois não ofereceriam condições favoráveis para a realização de análises forenses.[13] Segundo a Comissão da Verdade da Assembleia Legislativa do Estado de São Paulo, essas crianças foram vítimas de uma epidemia de meningite que a ditadura procurou ocultar para que o crescimento da taxa de mortalidade infantil não expusesse o governo a críticas nacionais ou internacionais.[14]

No amplo conjunto de corpos ocultados na vala de Perus, o Grupo de Trabalho Perus (GTP),[15] com base em extensa análise de documentos produzidos por diferentes organizações, definiu o universo de busca em 42 desaparecidos. Destes, três não são reconhecidos como desaparecidos políticos[16] nos termos da Lei nº 9.140/95, que inclui nessa categoria apenas "[...] as pessoas que tenham participado, ou tenham sido acusadas de participação, em atividades políticas, no período de 2 de setembro de 1961 a 5 de outubro de 1988, e que, por este

---

12 Grupo de Trabalho Perus, *Relatório da pesquisa preliminar e antemortem*, 2016.

13 M. A. A. Teles e S. K. Lisbôa, "A vala de Perus", op. cit., p. 63.

14 Comissão da Verdade do Estado de São Paulo "Rubens Paiva", *Relatório*, op. cit., p. 672.

15 Desde a abertura da vala, várias foram as tentativas de identificação dos restos mortais lá descobertos. Contudo, nenhuma delas foi concluída; muito pelo contrário, ao longo dos processos de identificação, os familiares de desaparecidos foram inúmeras vezes afetados pelo ocultamento das informações e, sobretudo, pela extrema morosidade dos trabalhos forenses, o que prolongou um sofrimento que já durava décadas. A mais recente dessas tentativas, ainda em curso, iniciou-se em 2014 sob responsabilidade do Grupo de Trabalho Perus (GTP), constituído a partir da cooperação política e técnica entre quatro instituições: a Comissão Especial sobre Mortos e Desaparecidos Políticos, a então Secretaria de Direitos Humanos da Presidência da República, a Secretaria Municipal de Direitos Humanos e Cidadania da Prefeitura Municipal de São Paulo, representada pela Coordenação de Direito à Memória e à Verdade, e a Universidade Federal de São Paulo.

16 São eles: José Padilha Aguiar, Marlene Rachid Papembrok e Olímpio de Carvalho.

motivo, tenham sido detidas por agentes públicos, achando-se, desde então, desaparecidas, sem que delas haja notícias".[17]

A decisão de inserir essas três pessoas no conjunto dos desaparecidos procurados pelo GTP contribuiu significativamente para lançar luz sobre o amplo universo de outras vítimas de desaparecimento ocultadas no cemitério Dom Bosco ao lado dos ativistas de movimentos políticos de oposição à ditadura. A grande maioria dos mais de 1 400 corpos inumados na vala clandestina de Perus não se enquadra, portanto, na categoria de desaparecido político. Ora, se essas centenas de pessoas mortas não representaram, quando vivas, uma ameaça direta ao governo ditatorial, por que seus cadáveres seguiram o mesmo fluxo dos corpos de desaparecidos políticos, tendo seus nomes, biografias e documentos apagados no curso de sua passagem pelas diversas instituições responsáveis por planejar, organizar e executar os procedimentos necessários à gestão dos mortos? O que explica a existência desse universo de desaparecidos cujos nomes não constam em nenhum documento produzido pelas organizações de direitos humanos?

O caso da vala clandestina de Perus expõe de maneira contundente os dispositivos de gestão política dos mortos e da morte que não foram exclusividade da ditadura civil-militar brasileira, uma vez que remontam a períodos anteriores e permanecem para além dela, assumindo posição central na nova forma de governança que se estabeleceu no país. A existência singular dessa vala expõe a de muitas outras sepulturas coletivas – clandestinas ou oficiais – de corpos de "desconhecidos", como as valas do cemitério de Vila Formosa e do cemitério de Parelheiros, em São Paulo, a do cemitério de Ricardo de Albuquerque, no Rio de Janeiro, bem como as de cemitérios clandestinos utilizados por facções e milícias. O silêncio a respeito dessas valas atesta a multiplicação de corpos não identificados e/ou não reclamados nos cemité-

---

17 Câmara dos Deputados, Lei nº 9.140, de 4 de dezembro de 1995, art. 1º. Brasília, 1995.

rios de massa, memoriais do número crescente de desaparecimentos no país.

Segundo dados reunidos e analisados pelo Fórum Brasileiro de Segurança Pública (FBSP), cerca de 190 pessoas desapareceram por dia no país entre 2007 e 2016, totalizando 694 007 registros de desaparecimento em delegacias de polícia das 27 unidades da federação nos últimos dez anos.[18] Desse total, 242 568 casos foram registrados no estado de São Paulo.[19] Entre os meses de janeiro e dezembro de 2018, 160 corpos desconhecidos foram encaminhados pelo Instituto Médico-Legal (IML) e pelo Serviço de Verificação de Óbitos da Capital (SVOC) ao Serviço Funerário do Município de São Paulo (SFMSP) para sepultamento nos cemitérios da capital paulista.[20] No mesmo período de 2019, foram registrados pelo SFMSP 164 cadáveres nessas mesmas condições. Em 2020, entre janeiro e julho, 71 cadáveres desconhecidos foram sepultados nos cemitérios Dom Bosco e de Vila Formosa.

Mais que uma sepultura ilegal criada em 1976 pela ditadura brasileira, este livro pretende sustentar que a vala de Perus é um *paradigma*, no sentido definido pelo filósofo italiano Giorgio Agamben: trata-se de um caso singular que, ao ser isolado de seu contexto, "torna inteligível um novo conjunto, cuja homogeneidade é constituída por ele mesmo",[21] sendo a um só tempo manifestação do caso e da regra de que é caso. Para ilustrar o funcionamento do paradigma,

---

18 Ver Fórum Brasileiro de Segurança Pública, *Anuário brasileiro de segurança pública: 2017*. São Paulo: Fórum Brasileiro de Segurança Pública, 2017, p. 8.

19 Ibid., p. 38. Além disso, na pesquisa de opinião realizada pelo FBSP/Datafolha, 23,8 milhões de brasileiros reportaram ter algum conhecido, amigo ou familiar desaparecido. Ibid., p. 40.

20 Esses números foram obtidos a partir de informações encontradas na página "Falecidos IML/SVO", disponibilizada pelo SFM do município de São Paulo. Para mais informações, ver: prefeitura. sp.gov.br/cidade/secretarias/obras/servico_funerario/falecidos/ index.php?p=172214.

21 Giorgio Agamben, *Signatura rerum: sobre o método*, trad. Andrea Santurbano e Patrícia Peterle. São Paulo: Boitempo, 2019.

Agamben marca sua similitude com o papel desempenhado pelo exemplo em um discurso: ao ser destacado de determinado conjunto do qual faz parte, o exemplo revela a regra de formação daquele conjunto e, por conseguinte, de si próprio. Os exemplos gramaticais são ilustrativos desse *modus operandi*. Quando um linguista utiliza a expressão "eu juro" como exemplo da classe dos performativos, entendemos que ele não está realmente jurando alguma coisa a alguém, pois a frase, nesse contexto, foi suspensa de sua função regular para dar inteligibilidade e revelar a regra de funcionamento da classe dos performativos, à qual o próprio exemplo pertence.

Não se trata, porém, de tomar qualquer exemplo como um paradigma, ainda que o inverso possa ser verdadeiro. O paradigma se distingue da função do exemplo não apenas por razões *quantitativas*, na medida em que seu poder representativo se relaciona a sua capacidade de tornar inteligível uma série mais ampla de fenômenos pertencentes a categorias diferentes e existentes em temporalidades diversas, mas também pelo fato de que um paradigma extrapola o caráter representacional próprio dos exemplos para assumir uma *função construtiva*. Em outras palavras, o paradigma não se limita a revelar algo que lhe seria preexistente; ele produz, cria uma classe de fenômenos que, de outra maneira, não seria pensável.

Por isso, um paradigma é um evento duplamente paradoxal: em primeiro lugar, porque é uma singularidade que constrói e dá inteligibilidade a um conjunto de elementos heterogêneos do qual é parte e, ao mesmo tempo, está excluída (paradoxo topológico); e, em segundo lugar, pois a singularidade paradigmática ultrapassa a distinção entre diacronia e sincronia, ou seja, apesar de ser historicamente determinada, é capaz de abranger amplos arcos de tempo, reunindo sob uma mesma classe elementos de épocas as mais variadas (paradoxo temporal).

Ao tomar a vala de Perus como um paradigma, este livro também ganha um estatuto paradoxal. Por um lado, ele é um trabalho sobre a sepultura clandestina do cemitério Dom Bosco e, portanto, está voltado para a década de 1970 no Brasil;

por outro, a partir desse evento singular, procura construir e tornar inteligível um conjunto multiforme de práticas, saberes, instituições, agentes, discursos, tecnologias e regulamentações que se encarregam de gerir os corpos mortos para, assim, governar os vivos, conjunto que passaremos a designar *dispositivos necrogovernamentais*. Por um lado, trata-se de um livro sobre o processo de montagem, aprimoramento e sistematização de tecnologias de desaparecimento pelo governo ditatorial brasileiro; por outro, ele aponta o desaparecimento como a pedra angular que orienta e dá sentido à necrogovernamentalidade no Brasil.

Em vez de resolver esses paradoxos privilegiando um dos seus polos, as próximas páginas aprofundarão ambos, passando de um ao outro, da singularidade da vala e das tecnologias desaparecedoras da ditadura ao governo dos corpos mortos e das subjetividades viventes.

Partiremos, então, dos antecedentes da vala de Perus e dos dispositivos necrogovernamentais brasileiros, no período imediatamente anterior ao golpe de 1964, quando já estavam em funcionamento os mecanismos de produção dos "desaparecimentos administrativos" e de classificação de certos mortos como corpos não identificados.

A essas primeiras engrenagens dos dispositivos desaparecedores se somarão a teoria e a prática forjadas fora do país, principalmente nas guerras de contrainsurgência na Indochina, na Argélia e no Vietnã. Ensinadas aos militares brasileiros de alta patente e disseminadas por toda a estrutura repressiva durante os anos da ditadura militar, as doutrinas e estratégias empregadas naquelas guerras contribuirão para aprimorar, organizar e sistematizar os dispositivos de gestão dos corpos mortos, que serão indispensáveis para a configuração de uma nova forma de governo em permanente estado de guerra contrarrevolucionária. De fato, a ditadura brasileira, ao fazer amplo uso do desaparecimento não apenas como técnica de combate, mas, principalmente, como racionalidade política, revela que, no contexto de uma guerra de contrainsurgência, o governo dos vivos é indissociável do governo dos mortos, das decisões sobre a identificação e a circulação dos corpos, da realização ou não de ritos funerários, das formas de distribuição e de manifestação do luto.

Isso nos leva à última parte do livro, que trata dos efeitos dos dispositivos necrogovernamentais sobre as subjetividades viventes. Eles mobilizam uma política do terror e da melancolização a partir da gestão das formas do morrer e dos destinos dados aos cadáveres.

[1]
COMO DESAPARECER PREENCHENDO PAPÉIS

[...] a separação das palavras e das coisas, do corpo e do nome. Por detrás dele não sobra nada dessa relação, um corpo sem nome, um nome sem corpo.

GABRIEL GATTI, *El detenido-desaparecido*, 2008.

A identificação como não identificado

Comecemos, então, do começo, ou melhor, situemo-nos antes do novo tempo do Brasil inaugurado pela ampla frente empresarial-militar com o golpe de 1964.[1] Baseando-se na análise de 62 fichas de cadáveres não identificados produzidas no Instituto Médico-Legal do Rio de Janeiro, entre 1942 e 1960, a antropóloga Letícia Ferreira sustenta a contraintuitiva tese de

---

1 Para uma excelente análise sobre a ruptura instaurada na história brasileira com o golpe de 1964, remetemos o leitor ao artigo de Paulo Arantes cujo título sintetiza sua tese: "1964, o ano que não terminou", in E. Telles e V. Safatle (orgs.), *O que resta da ditadura*. São Paulo: Boitempo, 2010, pp. 205-36.

que os corpos não identificados são *identificados*, isto é, são burocraticamente produzidos e certificados como tais por um conjunto de instituições, práticas e relações sociais que atribuem a eles um nome genérico, uma *identidade civil post-mortem*,[2] tais como "Desconhecido", "Fulano de Tal", "Um homem não identificado", "Uma mulher", "Maria 1", "João 1".

A atribuição desses nomes consiste na primeira característica do que a autora identifica como a *lógica de classificação dos não identificados*. A segunda característica, indissociável da anterior, é a frouxidão e inexatidão dos procedimentos classificatórios, pois, enquanto a *identificação* singularizava o morto e sua morte, a atribuição de epítetos ou designações genéricas aos corpos os situava numa categoria muito vaga para individualizá-los.

O terceiro elemento da lógica classificatória dos cadáveres não identificados é a combinação entre repetição de informações e proliferação de lacunas nos documentos gerados ao longo do processo de gestão cadavérica, desde o recolhimento do corpo até as etapas posteriores a seu sepultamento, quando novos papéis a respeito do morto continuam sendo produzidos. Entre os documentos reunidos nos arquivos que consultou, Ferreira observou também informações avulsas em algumas *fichas*, tais como a profissão ou o endereço do morto *não identificado*, que, estranhamente, poderiam levar a seu reconhecimento. Mas não levavam – como, ainda, não levam.

Chama atenção, porém, que em muitos desses casos havia a possibilidade de as equipes funerárias buscarem, no próprio local de recolhimento do corpo, informações que ampliariam as chances de identificação do cadáver. Um dos exemplos destacados pela pesquisadora é o do cadáver de uma mulher, removido do leito de uma estrada de ferro no começo da noite de 4 de julho de 1948. Para além das incompatibilidades nas informações constantes nos documentos

---

2 Letícia Carvalho de Mesquita Ferreira, *Dos autos da cova rasa: identificação de corpos não identificados no Instituto Médico-Legal do Rio de Janeiro, 1942–1960*. Rio de Janeiro: e-papers/Laced-Museu Nacional, 2009, p. 65.

oficiais produzidos desde o momento da remoção desse corpo, destaca-se o fato de os policiais que o encontraram saberem se tratar de "uma empregada doméstica de cerca de 23 anos de idade, moradora do bairro do Bonsucesso".[3] Ora, por qual razão o conhecimento de tais informações não possibilitou a identificação desse cadáver? Essa questão se torna ainda mais premente nas situações em que, embora o exame datiloscópico ou o reconhecimento por terceiros permitam conhecer o nome próprio do morto, isso não é suficiente para alterar sua classificação como não identificado, que se mantém nos documentos.

Essas questões poderiam começar a ser enfrentadas fazendo apelo ao *modus operandi* da burocracia estatal em contato com esses cadáveres. De fato, nota a antropóloga, há uma economia de esforços por parte dos agentes de Estado e dos demais funcionários das instituições e dos organismos que atuam no processo de identificação. O pouco investimento dispensado por esses atores na procura ativa pela identidade do corpo resulta na interrupção abrupta e arbitrária da produção de documentos,[4] na desorganização e no descuido com os papéis, no uso recorrente de abreviaturas e siglas, no preenchimento lacunar dos formulários. Isso tudo evidencia outro problema que, até hoje, bloqueia a resolução de casos de desaparecimento: "a descrença, por parte dos profissionais envolvidos, numa possível utilidade dos documentos que produziam e arquivavam",[5] inclusive pela

---

3 Ibid., p. 131.

4 Diante de cadáveres que possuem informações minimamente individualizadoras, como nacionalidade, profissão, alcunha, endereço, mas que permanecem identificados como não identificados, e que constituem o grupo que Ferreira denomina "Corpos Conhecidos", observa-se que "a sobreposição do que se sabe e registra sobre estes corpos pelo que deles se desconhece deixa clara a característica geral da classificação dos *não identificados* como trajetórias burocráticas interrompidas" (ibid., p. 127).

5 Ibid., p. 76. Sobre a descrença dos policiais quanto à eficácia de seu trabalho na localização de um desaparecido, ver outro trabalho de Letícia Ferreira, com o sugestivo título: "'Apenas preencher

suspeita de que esses papéis jamais seriam posteriormente solicitados por uma pessoa ou instituição.[6]

Das interações sociais entre corpos, funcionários e instituições responsáveis pela burocracia da morte, resulta uma paradoxal relação entre visibilidade, invisibilidade e individualidade. Os *autos da cova rasa* realizam a necropsia de uma forma peculiar de funcionamento do poder, que se diferencia das tecnologias de gestão dos viventes construídas e disseminadas desde o fim do século XVIII.

A conclusão a que chega Michel Foucault ao cabo de suas pesquisas sobre o nascimento da prisão – no singular mesmo, pois se trata de uma *forma* de poder que se espraia pelo mundo ocidental desde o fim do setecentos – é de que a biopolítica procurava disciplinar os corpos viventes por meio da *individualização descendente*.[7] Isso porque, em uma ponta, ocorria a progressiva automatização e desindividualização do poder,[8] enquanto na outra ponta – na que estão aqueles sobre os quais o poder se exerce –, "a disciplina 'fabrica' indivíduos; ela é a técnica específica de um poder que toma os indivíduos ao mesmo tempo como objetos e como instrumentos de seu exercício".[9] A disciplina é um poder de escrita,[10] pródigo de documentos, fichas, relatórios em que "cada um recebe como status sua própria individualidade, e onde está estatutariamente ligado aos traços, às medidas, aos desvios, às 'notas' que o caracterizam e fazem dele, de qualquer modo, um 'caso'".[11]

O modelo arquiconhecido dos dispositivos biopolíticos disciplinares é o panóptico, projetado na obra de Jeremy Bentham.

---

papel': reflexões sobre registros policiais de desaparecimento de pessoa e outros documentos". *Mana*, Rio de Janeiro, v. 19, n. 1, 2013, pp. 39–68.

6   L. C. M. Ferreira, *Dos autos da cova rasa*, op. cit., p. 115.

7   Michel Foucault, *Vigiar e punir: o nascimento da prisão* [1973], trad. Raquel Ramalhete. Petrópolis: Vozes, 2002, p. 160.

8   Ibid., p. 175.

9   Ibid., p. 143.

10   Ibid., p. 157.

11   Ibid., p. 160.

Trata-se de um edifício fechado, circular, com uma torre ao centro. Sobre a circunferência, ergue-se um conjunto de celas dispostas em vários andares, que obedecem a um mesmo padrão de construção: elas recebem ar e luz de uma janela aberta para o exterior, mas situada de tal forma que os prisioneiros não conseguem enxergar através dela; do lado oposto da cela, voltado para o interior do edifício, há uma porta gradeada, que permite que o ar e a luz cruzem as celas e alcancem o amplo vão que as separa da torre central. Desse modo, por meio de um jogo de luz, sombras e perspectivas, as celas podem ser vistas por quem se encontra na torre, mas os prisioneiros, ao contrário, não conseguem ver o que nela se passa.

O dispositivo inventado por Bentham não apenas incide sobre os espaços como intervém sobre o tempo. Desde que o poder assumiu como tarefa ordenar a vida visando a extrair dela o máximo de força e, consequentemente, de produtividade, eliminando o supérfluo, o desperdício, a perda, passou a ser necessário controlar os corpos e os desejos espaçotemporalmente. Ao estabelecer uma distribuição desigual da visibilidade, o panóptico atribui ao poder a onividência ao mesmo tempo que expropria o olhar dos prisioneiros. Para esse poder totalizante, não há detalhe que possa escapar nem contingência que não seja prevista. Todos os gestos, todos os recantos, mesmo os mais sombrios, são governados pelo princípio da razão suficiente, que os inscreve numa série de causas e consequências para deles extrair algo que seja útil ao funcionamento desse sistema fechado, sem perdas.[12]

À primeira vista, os dispositivos necrogovernamentais que administram o fluxo cadavérico parecem similares ao modelo panóptico, visto que o corpo morto é envolto em dezenas de fichas, formulários, atestados e laudos que buscariam individualizá-lo ao máximo, sem deixar escapar da visão da burocracia qualquer traço ainda incógnito. Contudo, trata-se exatamente do contrário. Em relação à máquina biopolítica,

---

12 Jacques-Alain Miller, "A máquina panóptica de Jeremy Bentham" [1975], in J. Bentham. *O panóptico*, trad. Guacira Lopes Louro, M. D. Magno e Tomaz Tadeu. Belo Horizonte: Autêntica, 2008. pp. 89–125.

a necrogovernamentalidade funciona de maneira radicalmente distinta, não apenas porque o poder da burocracia da morte produz documentos sobre corpos que estão mortos, mas, principalmente, porque o que resulta dessa proliferação de papéis é a produção de uma *visibilidade invisibilizadora*. Como vimos a propósito dos achados da investigação de Ferreira, dar uma designação genérica a um corpo tornava ainda mais difícil, quando não impossível, avançar futuros esforços de reconhecimento do desaparecido, uma vez que sua individualidade – garantida, em nossas sociedades, também pela indexação do corpo a um prenome e a sobrenomes – dissipava-se em um nome qualquer, um nome do anonimato.[13] Por isso, conclui a antropóloga, pode-se "registrar corpos mantendo-os na mesma cova".[14]

Ao mesmo tempo, esse poder *desindividualizador* dos corpos conserva a si mesmo no anonimato típico das rotinas burocráticas do Estado. Ainda que os nomes, as assinaturas e os carimbos dos profissionais que atuam nas diversas etapas da administração da morte sejam legíveis em cada uma das fichas analisadas por Ferreira,

> Tais serviços, carimbos e assinaturas não remetem às pessoas que os conduziram e registraram, mas são investidos de validade por sua simples anotação, por funcionários oficiais, em folhas de papel igualmente oficiais. Este fato, segundo o autor [Herzfeld], dota de anonimato funcionários, literalmente nomeados para ocupar cargos em repartições que compõem quadros administrativos burocráticos. No caso da classificação dos *não identificados* do Instituto Médico-Legal, portanto, o anonimato nomeado dos funcionários da repartição encontraria, na mesa de necropsia e no decurso de outros proce-

---

13 Em um caso analisado por Ferreira, o corpo não apenas recebe um nome qualquer, como tem esse nome trocado, assim como outros dados que permitiriam seu reconhecimento, no curso das tramitações de papéis entre IML e Cartório de Registro Civil.

14 L. C. M. Ferreira, *Dos autos da cova rasa*, op. cit., p. 118.

dimentos variados, o anonimato ímpar dos corpos, também nomeados, dos chamados indigentes.[15]

A desindividualização do poder resulta ainda de outro elemento característico das rotinas burocráticas: a diluição da responsabilidade ao longo das muitas tarefas que compõem os processos administrativos da morte.[16] Como cada funcionário faz uma pequena parcela de um trabalho cuja totalidade os transcende, a responsabilidade é de todos e, portanto, de ninguém. Por que se preocupar, então, em assinar de maneira legível uma guia de recolhimento de cadáver? E quais problemas acarretaria a ausência de um nome em outro documento?

Contudo, as questões levantadas anteriormente a respeito do aparente contrassenso em não identificar corpos sobre os quais havia informações que permitiriam o reconhecimento não podem ser respondidas apenas a partir desse diagnóstico sobre efeitos invisibilizadores e desindividualizadores da burocracia necrogovernamental. Afinal, é preciso investigar por que esses efeitos não se verificam da mesma forma a depender do morto e de sua morte. Diante disso, caem por terra soluções simplistas, bem ao gosto do neoliberalismo de nosso tempo, que proporiam tratar tais problemas *apenas* com regulações mais exaustivas ou com melhores gestores. Ainda que sejam inegáveis as contribuições pontuais que disso poderiam advir, essas propostas não tocam no fato de que, mesmo identificados e reconhecidos, alguns cadáveres continuam indeterminadamente desconhecidos. O que explicaria o fato de a condição de *alguns* mortos permanecer inalterada?

Como parece afirmar a pesquisadora, a determinação *não identificado* é menos uma criação que uma reprodução do Instituto Médico-Legal do Rio de Janeiro, que confirmava o

---

15 Ibid., pp. 32–33.
16 Ibid., p. 142.

estatuto de *desconhecido*[17] já trazido por alguns mortos desde a vida. Assim, conclui Ferreira,

> Haveria, na realidade, "indivíduos desconhecidos", de cujos cadáveres poder-se-ia tomar as impressões digitais para fins de controle, mas que mesmo esta medida não os tiraria desta condição: eles seriam, por natureza, *homens desconhecidos*, e seus cadáveres seriam "cadáveres de indivíduos desconhecidos". [...] dever-se-ia reconhecer neles algo preexistente que os fariam, orgânica e ontologicamente, *homens desconhecidos*.[18]

Essa hipótese, porém, necessita ser revisada em um ponto em particular. Sustentamos que, mais que reproduzir em papéis uma condição orgânica e ontológica prévia, os órgãos de perícia e as instituições encarregadas da gestão dos mortos produzem o cadáver desconhecido como efeito de *operações de abandono* que atingem o morto e prolongam o conjunto de procedimentos anteriores pelos quais certos viventes foram *abandonados* do campo do sentido, do direito, da política.

Na filosofia de Giorgio Agamben, o abandono resulta da suspensão do ordenamento jurídico, que perde sua efetividade em relação ao mundo, convertendo-se em lei sem força. A norma, assim, não é apagada nem desativada, mas continua a existir como pura essência formal desconectada da realidade. Como efeito da suspensão, cria-se o estado de exceção como uma zona anômica, na qual a lei goza da pretensão de aplica-

---

17 Em seu clássico estudo sobre o nascimento da identificação civil no Brasil, Carrara observa que, no imaginário social dos anos 1930, esperava-se que a transparência social resultante da particularização dos seus indivíduos permitiria ao Estado banir as duas figuras que aterrorizam a sociedade com a ameaça da sua dissolução: o homem *desmemoriado* e o homem *desconhecido*, que, no limite, carrega em si o primeiro, na medida em que esse último é aquele "que não se conhece a si e nem se dá a conhecer aos outros". Ver Sérgio Carrara, "A 'sciência e doutrina da identificação no Brasil', ou, Do controle do eu no templo da técnica". *Boletim do Museu Nacional*, n. 50, 10 dez. 1984, p. 24.

18 L. C. M. Ferreira, *Dos autos da cova rasa*, op. cit., p. 52.

bilidade ilimitada e absoluta sobre a vida. A vida assim desamparada, reduzida a sua própria insignificância, é a *vida nua*, exposta a uma pura potência normativa, presente em todos os lugares e, simultaneamente, em lugar algum, e da qual se pode esperar tudo e nada. Nesse contexto, *lei* significa tanto o texto do direito, positivado nos códigos jurídicos, quanto os princípios de identificação e de nomeação do vivente. A exceção jurídica, assim, produz efeitos bem mais amplos que os estritamente legais, pois implica, também, o abandono entre o ser vivo e o campo da linguagem e da política.[19]

Agamben, no entanto, não estendeu essas considerações sobre a topologia do abandono para além das múltiplas figuras históricas da *vida nua*. A pesquisa de Ferreira nos permite avançar a hipótese de que o abandono opera igualmente sobre os corpos mortos, eles próprios excluídos do campo do direito, da linguagem e da política para serem capturados na forma do cadáver não identificado ou, como proporemos adiante, da *morte nua*. O trabalho dos dispositivos necrogovernamentais, ao invés de apenas ratificar a operação de abandono que a lógica biopolítica da exceção fizera incidir sobre o homem desconhecido, instaura-a em outro nível, o da morte e dos corpos mortos.

No material estudado por Ferreira, o local de recolhimento do corpo (linha férrea, terrenos baldios, cisternas, becos...), o contexto da morte (embriaguez, atropelamento por ônibus, afogamento na lama de um fosso, execução enquanto praticava assalto...), a ausência de familiares ou de pessoas próximas para realizar o reconhecimento, a raça, o gênero, o tipo de trabalho, a inexistência de documentos de identidade, entre muitos outros fatores, sustentavam a identificação de um morto como *não identificado*:[20] os cadáveres desconhecidos "eram, também, corpos situados num lugar social de pessoas *quaisquer* porque envoltas numa existência registrada como

---

19 Daniel P. McLoughlin, "The Politics of Caesura: Giorgio Agamben on Language and the Law". *Law Critique*, v. 20, 2019, pp. 163–76.
20 L. C. M. Ferreira, *Dos autos da cova rasa*, op. cit., p. 138.

imprecisa, anônima, solitária e constituída de escassez e ausência: ausência de nome próprio e ausência de laço".[21]

Portanto, complementando o que propõe Ferreira, é preciso sublinhar a função criadora, e não meramente reprodutiva, dos dispositivos necrogovernamentais. Neles, os cadáveres dos que viveram vidas quaisquer, abandonadas da política, da linguagem e do direito, são capturados, documentados, administrados, necropsiados e sepultados para, assim, serem abandonados uma segunda vez na forma de corpos quaisquer, desconhecidos, o que, em sentido reverso, produz efeitos sobre os corpos viventes, como veremos adiante.

Contudo, se essas mortes anônimas foram vidas imprecisas, inexistentes, se o propósito da identificação desses corpos era produzir cadáveres incógnitos, então por quais motivos era necessário preencher tantos papéis, a respeito dos quais se desconfiava se seriam novamente procurados por quem quer que fosse? Foi numa das fichas consultadas durante sua pesquisa que Ferreira encontrou uma possível solução para tal enigma: "Na margem superior da folha de rosto do auto de exame cadavérico de 'Um desconhecido', ao lado do brasão da República Federativa do Brasil, lia-se, em letras maiúsculas: 'ENTROU EM ESTATÍSTICA'".[22]

Os esforços de identificação dos cadáveres anônimos que Ferreira descreve são um dos efeitos da fusão do saber médico com técnicas policiais na "*scientia* e doutrina da identificação".[23] Esta assumia como seu objetivo principal promover a maximização da transparência social, a legibilidade total dos indivíduos e das populações, necessária para a defesa da sociedade contra tudo o que pudesse colocar em risco sua integridade e levar ao *caos social*. Por essa razão, era preciso identificar os corpos desconhecidos como não identificados, numerá-los, atribuir a eles uma existência ao menos burocrática.

---

21 Ibid., p. 166.
22 Ibid., p. 150.
23 S. Carrara, "A 'sciência e doutrina da identificação no Brasil'", op. cit., p. 2.

Assim, as análises de Ferreira deixam ver que a gestão da mortalidade como um fenômeno estatístico relativo às populações não exclui outras formas de intervenção do poder sobre os processos do morrer, mas ocorre associada a elas – desde o recolhimento do cadáver, passando pela perícia do corpo e pela confecção de documentações específicas, até o sepultamento do morto. Para Foucault, a morte era objeto dos governos biopolíticos apenas como mortalidade, isto é, como um fenômeno quantificável, apartado de suas condições concretas a fim de ser apreendido de modo abstrato.[24] O que o filósofo francês perdia de vista é que a transformação da morte em mortalidade estava profundamente articulada com processos de gestão dos cadáveres necessários para a desqualificação de *certos* mortos, para seu desaparecimento e consequente conversão em números. Em suma: o que Foucault identificava como uma *"desqualificação da morte, marcada pelo desuso dos rituais que a acompanhavam"*[25] não foi automática e sub-repticiamente provocada pelo aparecimento da biopolítica, mas, antes, é um processo permanente que tem como condição a existência dos dispositivos necrogovernamentais e dos processos de desaparecimento a eles associados.

Embora o recorte estabelecido por Ferreira abranja os arquivos do IML do Rio de Janeiro entre 1942 e 1960, a *lógica de identificação dos corpos não identificados* perpetua-se no tempo e cruza espaços, alcançando precisamente o período em que a vala clandestina de Perus foi posta em funcionamento: o ano de 1976.

Essa afirmação é embasada pelo estudo assinado pela equipe multidisciplinar de antropologia forense composta por Márcia Lika Hattori, Rafael de Abreu e Souza, Ana Paula Tauhyl e Luana Antoneto Alberto. Eles mapearam o caminho burocrático da morte no estado de São Paulo a partir do

---

24 M. Foucault, *Em defesa da sociedade: curso no Collège de France (1975–1976)*, trad. Maria Ermantina Galvão. São Paulo: Martins Fontes, 1997, p. 221.

25 Id., *História da sexualidade 1: a vontade de saber* [1977], trad. Maria Thereza da Costa. Rio de Janeiro: Graal, 2012, pp. 150–51, grifos nossos.

levantamento sistemático e da análise de informações relativas a cadáveres "desconhecidos"[26] encontradas em quatro conjuntos documentais: a) os registros de exames necroscópicos de 1971 a 1975; b) as declarações de óbito do mesmo período; c) os registros de entrada do cemitério Dom Bosco, de 1971 a 1980; d) os livros de fotografias de vítimas referentes ao período de 1971 a 1976.[27]

As conclusões a que chegam os autores desse estudo são muito semelhantes àquelas defendidas por Ferreira em sua pesquisa. Primeiramente, com base na análise dos laudos necroscópicos, eles constatam a mesma economia de esforços dos profissionais da gestão da morte para a identificação dos corpos. No caso de São Paulo, os autores observam que corpos recolhidos na própria residência permaneciam, estranhamente, sem identificação. Além disso, a desarticulação entre as instituições responsáveis pela gestão de cadáveres, como as delegacias de polícia, os IMLS e os cemitérios, dificultava a circulação de informações essenciais para o reconhecimento do corpo, o que explica tanto a discrepância na quantidade de registros arquivados entre as séries documentais (o número de laudos necroscópicos é muito menor que o de declarações de óbito) quanto a existência de lacunas no preenchimento dos registros. Em alguns deles, afirmam os pesquisadores, estão ausentes informações sobre o local de recolhimento do cadáver ou notícias sobre o histórico da morte. Tal como a pesquisa de Ferreira, o estudo em São Paulo também observou que "[e]xistem diferentes formas de classificar ou nomear desconhecidos: por exemplo, por meio de apelidos ou como Maria de Tal, José de Tal, Ossada, desconhecido menor, nativiva desconhecida etc.".[28]

---

26 No levantamento feito por Hattori et al., 2 892 corpos de desconhecidos foram necropsiados entre 1971 e 1975 pelos IMLS do município de São Paulo. Ver Márcia Lika Hattori et al., "O caminho burocrático da morte e a máquina de fazer desaparecer: propostas de análise da documentação do Instituto Médico-Legal-SP para antropologia forense". *Revista do Arquivo*, n. 2, 2016, pp. 1–21.

27 Ibid.

28 Ibid., p. 17.

A atribuição de nomes genéricos a cadáveres, o mau preenchimento ou a ausência de informações em documentos, a desorganização dos arquivos, a perda de dados, tudo isso não apenas atesta e produz o anonimato de um corpo como induz ao *desaparecimento administrativo*,[29] isto é, a uma forma de desaparecimento decorrente das próprias rotinas burocráticas que envolvem o morto, as instituições que administram a morte e seus funcionários:

> Bastava, portanto, não copiar um número, passar a limpo de um outro modo, perder um papel, para que o caminho do corpo se desfizesse, para que as identidades individuais fossem suprimidas, para que a pessoa perdesse as evidências que permitiam sua rastreabilidade e localização, negando-se a possibilidade de ligar as informações obtidas a partir do corpo ou esqueleto à memória e à história de alguém.[30]

Esse processo burocrático responsável pelo desaparecimento de certos corpos contribuiu para o povoamento da vala de Perus. Por isso, é possível dizer que os centros de repressão se utilizaram da própria burocracia estatal (que envolve diferentes instituições sem que haja quase nenhum diálogo entre elas) para inserir as vítimas de desaparecimento forçado em um mecanismo preexistente que desaparecia com pessoas dentro de um sistema, de modo direto ou indireto, consciente ou não.

Da necropolítica à necrogovernamentalidade

O que descobrimos a partir das citadas pesquisas de Ferreira e Hattori et al. nos permite ampliar a compreensão do modo de funcionamento da necropolítica, tal como fora descrita por Achille Mbembe.

---

29 Ibid.
30 Ibid., p. 5.

A originalidade da contribuição de Mbembe para a crítica da biopolítica está em ter deslocado espacial e temporalmente a perspectiva de análise das relações entre o poder e os viventes, situando-a nas margens do capitalismo global, nas regiões submetidas ao colonialismo e ao imperialismo europeu e estadunidense, nas áreas de conflito no Oriente Médio. Nesses contextos, o pensador camaronês depara com os limites e particularismos de certos modelos teóricos que entendiam ser a biopolítica a forma hegemônica de exercício do poder desde o fim do século XVIII. Baseado em tal entendimento, Foucault pôde afirmar em diversas ocasiões que, a partir desse momento, "O poder já não conhece a morte. No sentido estrito, o poder deixa a morte de lado"[31] para se ocupar preferencialmente da gestão da vida e da maximização da produtividade vital, tanto do indivíduo vivente quanto das populações. Assim, prossegue Foucault em outra citação à qual nos referimos há pouco, assiste-se à *desqualificação da morte, marcada pelo desuso dos rituais que a acompanhavam. [...] a morte é o limite, o momento que [a vida] lhe escapa; ela se torna o ponto mais secreto da existência, o mais privado*".[32]

Foucault tinha consciência dos problemas que a tese da desqualificação da morte colocava quando se leva em conta que, contemporaneamente à emergência da biopolítica, iniciava-se um longo período caracterizado por guerras, genocídios coloniais, massacres, ou seja, pela disseminação da morte em larga escala. Então, "como exercer o poder da morte, como exercer a função da morte, num sistema político centrado no biopoder?",[33] perguntava Foucault sintetizando o que ele considerava ser uma "antinomia central da nossa razão política".[34] A despeito das diferenças, pode-se dizer que a solução que lhe propuseram alguns dos principais nomes da tradição biopolítica consistiu em adotar o que os juristas designam como "critério hierárquico": dissolvia-se a antino-

---

31 M. Foucault, *Em defesa da sociedade*, op. cit., p. 221.
32 Id., *História da sexualidade I*, op. cit., pp. 150–51, grifos nossos.
33 Id., *Em defesa da sociedade*, op. cit., p. 227.
34 Id., *Dits et écrits II: 1976–1988*. Paris: Gallimard, 2001, p. 1634.

mia atribuindo ao biopoder um estatuto hierarquicamente superior ao poder da morte, de modo a submeter este último às exigências da razão biopolítica. Ao fim e ao cabo, restaurava-se a unidade do poder da vida ao mesmo tempo que se conferia um lugar subsidiário às práticas voltadas para *fazer morrer*.

Para Mbembe, porém, tal solução não é suficiente para responder aos problemas que cotidianamente afetam os que sobrevivem nas muitas margens do capitalismo:

> Essa noção de biopoder é suficiente para contabilizar as formas contemporâneas em que o político, por meio da guerra, da resistência ou da luta contra o terror, faz do assassinato do inimigo seu objetivo primeiro e absoluto? [...] Se consideramos a política uma forma de guerra, devemos perguntar: que lugar é dado à vida, à morte e ao corpo humano (em especial o corpo ferido ou morto)? Como eles estão inscritos na ordem de poder?[35]

Abramos o parêntese de Mbembe "(em especial o corpo ferido ou morto)", visto que nele se encontra a especificidade da necropolítica. Não é mera nota de rodapé filológica explicitar que *nekron*, em grego, é a morte que se faz carne, corpo, cadáver.

Com as teorias biopolíticas, difundiu-se a ideia de que o poder captura o corpo vivo para domesticá-lo, moldá-lo, manipulá-lo, fazendo dele um corpo produtivo do qual se pretende extrair sempre mais valor. Se um corpo resiste à disciplinarização, seu destino é o aniquilamento. No entanto, Mbembe volta seu olhar aos espaços de exceção em que o investimento do poder se endereça tanto à produção da morte quanto à destruição progressiva dos corpos. Trata-se, nas palavras de Thomas Gregory,[36] também citado por Mbembe, de uma vio-

---

35 Achille Mbembe, "Necropolítica" [2003], trad. Renata Santini, *Arte e Ensaios*, n. 32, 2016, pp. 123–24.
36 Thomas Gregory, "Dismembering the dead: Violence, vulnerability and the body in war". *European Journal of International Relations*, v. 22, n. 4, 2016, pp. 944–65.

lência excedente, que, além ou aquém da morte, inutiliza os corpos, mutila seus membros e sua produtividade, desfigura a potencial força criativa de sua anatomia. Em uma frase, a necropolítica mbembiana põe em destaque as tecnologias de governo que atingem o corpo humano, colocando em risco suas condições de existência, cadaverizando-o em vida.

O *fazer morrer*, nessa necropolítica, não se esgota na aniquilação imediata da vida, no assassinato brutal, na execução sumária; Mbembe percebeu que é próprio das tecnologias necropolíticas gerir o sofrimento dos corpos, fragmentando a morte em uma miríade de pequenas mortes, um morrer a conta-gotas, com o qual a dominação se intensifica e se perpetua. Mais uma vez, saltam aos olhos as diferenças entre a necropolítica e a biopolítica, na medida em que, para a primeira, não se trata de operar sobre o espaço para controlar os fluxos e as circulações, antecipar os acontecimentos, regular as epidemias, visando à maximização da vida da população. Nas experiências coloniais e neocoloniais, do presente e de outrora, o controle do território, ainda que não exclua formas biopolíticas e disciplinares de dominação, leva à produção de condições mortíferas para a população local com o objetivo de incapacitá-la política, econômica e estruturalmente, dispondo seus corpos no limiar entre a vida e a morte.

As contemporâneas guerras *infraestruturais*[37] expõem com detalhes os meios pelos quais a necropolítica se encarrega da gestão mortífera do sofrimento dos corpos. Falar em procedimentos gestionários não é mero artifício retórico nesses contextos, como se depreende do agudo relato de Eyal Weizman sobre as técnicas empregadas no cerco israelense a Gaza:

---

37 A. Mbembe, "Necropolítica", op. cit., p. 137. A destruição das condições infraestruturais de sobrevivência seria uma estratégia militar privilegiada pelas guerras "limpas", "tecnológicas", da atualidade, como bem mostrou Paulo Arantes ao comentar os efeitos da nova doutrina bélica que animou as intervenções no Iraque e, depois, na Sérvia. Ver P. Arantes, *Extinção*. São Paulo: Boitempo, 2007, pp. 61–62.

O cerco [a Gaza] é um exercício de controle populacional gigante e sem paralelos. Ele procura isolar a Faixa do mundo externo e gradualmente aumentar o sofrimento coletivo reduzindo a circulação de todas as provisões para a manutenção da vida. As agências israelenses de inteligência monitoram os efeitos do cerco e afirmam estar aptas para calibrar a privação a um nível tal que é difícil o suficiente para a população civil rejeitar o Hamas, mas que não caia abaixo das chamadas "linhas vermelhas", o que "levaria a Faixa a uma crise humanitária". O suprimento de comida, calculado em calorias, foi gradualmente reduzido ao nível mínimo humanitário da ONU de 2100 calorias por adulto (e ainda menor para mulheres e crianças). O influxo de eletricidade, petróleo e concreto foi também gradualmente reduzido a níveis que colocam a vida em uma quase completa imobilidade, devastando sistemas infraestruturais, hospitais, a economia e as instituições civis.[38]

A distribuição das condições mortíferas não se faz unidirecionalmente do Estado para a população. A necropolítica não é uma exclusividade estatal, pois, como Mbembe destaca, cada vez mais frequentemente o direito de matar é alienado do Estado para um conjunto heteróclito de grupos armados locais, milícias, formações paramilitares, empresas privadas de segurança, de forma que "[a] própria coerção tornou-se produto do mercado".[39] É por essa razão que Mbembe nota a existência, na contemporaneidade, de uma verdadeira "economia política da violência",[40] relacionada com a formação de

---

38 Eyal Weizman, "Foreword", in *Hollow Land: Israel's Architecture of Occupation*. London / New York: Verso, 2017, versão em e-book (trad. do autor).

39 A. Mbembe, "Necropolítica", op. cit., p. 139.

40 Id., "Necropolítica, una revisión crítica", in J. L. Barrios et al. *Estética y violencia: necropolítica, militarización y vidas lloradas*. México: Museo Universitario Arte Contemporáneo / Universidad Nacional Autónoma de México, 2012, p. 137. A relação entre capitalismo e os narcotraficantes mexicanos foi objeto do estudo de Sayak Valencia, *Capitalismo Gore*. Santa Cruz de Tenerife: Melusina, 2010.

um mercado e, ao mesmo tempo, de uma rede de "serviços" associados à produção da morte em todas as escalas. Vinculados à mercadificação da violência e da morte, proliferam os microgovernos necropolíticos que mantêm entre si e com o Estado relações múltiplas e polimorfas, com alta capacidade metamórfica, ora associando-se com estruturas estatais de governança, ora autonomizando-se dessas, ora controlando-as. Além disso, esses microgovernos dedicam-se a atividades diversas, indo da política à gestão empresarial de serviços e mercadorias, inclusive daqueles voltados à exploração de riquezas naturais e minerais em parceria com corporações transnacionais.

Finalmente, das investigações de Mbembe ainda se depreende que, na contemporaneidade, a necropolítica não está geograficamente reservada às regiões periféricas ou semiperiféricas do capitalismo, uma vez que espaços necropolíticos são criados também nas regiões de capitalismo central. Essas conclusões mbembianas se apoiam, principalmente, nos trabalhos do já mencionado Weizman sobre o papel político da arquitetura e da urbanização na ocupação israelense dos territórios palestinos, particularmente da Cisjordânia. Para dar conta da particularidade desses processos, Weizman cunha o conceito de *políticas da verticalidade*, com o qual mostra como o poder israelense segmenta em diferentes estratos todas as três dimensões do espaço palestino, criando uma rede de limites intrincados e móveis no céu, na superfície do território e no seu subsolo. Não estamos mais diante da dicotomia entre a metrópole colonial ou o Estado imperial e as regiões dominadas alhures, pois os dispositivos necropolíticos contemporâneos criam fronteiras móveis, instituindo enclaves mortíferos no interior ou ao lado de áreas geridas biopoliticamente.

É evidente que o conceito mbembiano de necropolítica conseguiu nomear e explicitar muitas formas de captura, exploração e gestão mortífera dos corpos, recolocando no centro da reflexão política a morte, os mortos e o morrer. Porém, as investigações de Mbembe deixam sem resposta uma série de indagações suscitadas por seus próprios achados: o que acontece com os corpos depois de mortos? A necropolítica se detém no ponto em que a morte se consuma? Como se distribuem os impactos da necropolítica sobre os vivos, particularmente sobre aqueles que possuíam laços com os mortos?

A necropolítica não é o grau zero do poder, o último nível no qual é possível sentir os efeitos da captura dos corpos e dos processos vitais pelo governo. Articulados com a necropolítica, os dispositivos necrogovernamentais entram em ação após a ocorrência da morte com a finalidade de gerir os cadáveres e, por meio deles, os viventes. Eles mobilizam um conjunto de práticas, saberes, instituições, discursos, tecnologias, regulamentações que operam desde o recolhimento do corpo, passando por etapas como perícias, identificação civil, reconhecimento social, documentação, preparação, transporte, armazenamento, distribuição, até a inumação, exumação e distribuição dos remanescentes mortais.

Na introdução, dissemos que a vala de Perus é um paradigma dos dispositivos necrogovernamentais. Na medida em que os mecanismos de desaparecimento administrativo contribuíram para a criação da vala, eles nos permitem conhecer parcialmente a necrogovernamentalização e seus efeitos. Não que a necrogovernamentalidade se restrinja a fazer desaparecer, uma vez que ela é capaz de dar outros destinos aos corpos mortos, mas é inegável que o desaparecimento expõe nitidamente sua lógica mais íntima. Arriscaríamos mesmo a dizer que o panóptico de Bentham está para a biopolítica como o desaparecimento está para a necrogovernamentalidade. Enquanto "ele [o panóptico] programa, ao nível de um mecanismo elementar, e facilmente transferível, o funcionamento de base de uma sociedade toda atravessada e penetrada por mecanismos disciplinares",[41] os mecanismos de desaparecimentos revelam o funcionamento basal de um regime de governança social que se volta prioritariamente à gestão dos cadáveres como forma de afetar os vivos.

---

41 M. Foucault, *Vigiar e punir*, op. cit., p. 172.

No entanto, a compreensão dos dispositivos necrogovernamentais exige um passo a mais em direção à ditadura brasileira, a quem coube articular os mecanismos de desaparecimento administrativo já existentes com o conjunto de tecnologias e discursos da guerra contrarrevolucionária, cujo modelo foi forjado alhures e importado por nossos militares. Essa combinação de processos antigos e novos visando à gestão dos mortos e ao desaparecimento pode explicar o fato de que "no caso brasileiro, a maioria das pessoas desaparecidas foram enterradas como indigentes, com nomes falsos ou em valas clandestinas e coletivas".[42]

---

42 Comissão Nacional da Verdade, *Relatório*, v. 1. Brasília: Comissão Nacional da Verdade, 2014, p. 294.

[2]
GESTÃO DOS MORTOS E CONTRARREVOLUÇÃO

Quando o troço virou guerra, guerra mesmo, é que as coisas mudaram. Porque a gente também foi aprender fora, alguma coisa. Aí os perfis das prisões daqui mudaram; a forma de contato com os presos mudou; surgiu a necessidade de aparelhos; porque – isso foi uma grande lição que eu aprendi – o que causa maior pavor não é você matar a pessoa. É você fazer ela desaparecer. O destino fica incerto. O seu destino como... fica incerto. O que aconteceu, o que irá acontecer comigo? Eu vou morrer? Não vou morrer? Entendeu? O pavor é muito maior com o desaparecimento do que com a morte. A morte, não, você vê o cadáver do cara, o cara ali, acabou, acabou. Não tem mais... mais o que pensar nele. O meu destino, se eu falhar, vai ser esse. Já quando você desaparece – isso é ensinamento estrangeiro –, quando você desaparece, você causa um impacto muito mais violento no grupo. Cadê o fulano? Não sei, ninguém viu, ninguém sabe. Como? O cara sumiu como?

PAULO MALHÃES, em depoimento à Comissão Estadual da Verdade do Rio de Janeiro, em 18 de fevereiro de 2014.

> *Muita gente não se dá conta até que ponto o desaparecimento não é uma técnica complementar, mas sim aquela que está se tornando central. Os corpos precisam desaparecer. O povo não existe. Essa tecnologia tem muito futuro porque é bastante semelhante ao que aconteceu na história da guerra. Na guerra, vimos quão importantes são o desaparecimento, a camuflagem, a dissimulação – toda guerra é uma guerra de astúcia.*

> PAUL VIRILIO

A primeira epígrafe foi colhida do depoimento de um dos poucos militares brasileiros que compareceram perante Comissões da Verdade: trata-se do coronel da reserva Paulo Malhães, ex-agente da inteligência do Exército. Colocada lado a lado ao testemunho de Malhães, a constatação do filósofo francês Paul Virilio funciona como um comentário a ele. Afinal, a guerra a que o coronel se refere não se restringe à contrarrevolução brasileira deflagrada com o golpe de 1964 pelas Forças Armadas, associadas a setores do empresariado nacional e outros grupos conservadores. Após a chamada redemocratização do Brasil, cujo marco foi a promulgação da Constituição de 1988, essa guerra continuou, envolveu novos atores, voltou-se para outros alvos, uniu forças com as estruturas administrativas e legais instaladas previamente, aprimorou técnicas e estratégias bélicas, e se consolidou como a versão brasileira e *avant la lettre* do que Bernard Harcourt identificou nos Estados Unidos pós-11 de Setembro como "um novo modo de governar inspirado pela teoria e prática da guerra de contrainsurgência",[1] que opera permanentemente, quer haja uma insurgência ou revolução quer não.

No Brasil, a inspiração para esse novo modo de governar, atesta Malhães, veio de fora e resultou numa profunda mudança na lógica carcerária até então predominante. Não

---

1 Bernard E. Harcourt, *The Counterrevolution: How Our Government Went to War against Its Own Citizens*. New York: Basic Books, 2018, p. 14.

que as prisões tenham sido abandonadas – isso a superpopulação carcerária no país não nos permitiria supor –, mas, a partir desse ensinamento estrangeiro, o dispositivo carcerário passou a se orientar por outra lógica: o desaparecimento.

Quando Virilio, no início da década de 1980, identificou a ascensão do desaparecimento ao papel de técnica central da repressão militar, ele tinha em vista precisamente os limites impostos à sociedade do encarceramento pela intensificação da transparência global. Esse processo foi impulsionado seja por tecnologias cada vez mais sofisticadas de monitoramento via satélite e sistemas informáticos de captura de dados, seja pelo avanço do trânsito internacional de pessoas ávidas por consumirem novas experiências, ainda que a atração da vez seja visitar uma prisão ou um campo de extermínio vendidos como pontos turísticos. Com isso, o regime de visibilidade requerido pelos dispositivos concentracionários era radicalmente afetado à medida que estes poderiam ser localizados, desvendados, vigiados. O poder carcerário, antes escondido da visão dos prisioneiros como condição de funcionamento do panóptico, passava a ser exposto a outros olhares.

A proliferação da visão por todas as partes – o que alguns vêm chamando de "omnióptico" ou "sociedade da exposição"[2] – se dirige também ao poder. Em razão disso, concluía Virilio,[3] era preciso fazer desaparecer os corpos, as identidades, os papéis, as marcas, os responsáveis, os relatos, os dados, as informações, os olhares, as cidadanias, as construções – fazer desaparecer, ainda que deixando visível. Em um mundo onde tudo pode ser transparente, vence quem tem mais astúcia para se desviar dos olhares, desaparecendo consigo e com os outros. Governar é fazer desaparecer.

Isso não põe fim aos espetáculos do poder encenados nas áreas periféricas do mundo. Ao contrário, as cenas de guerra, execuções sumárias, paredes cravejadas de bala, voos rasan-

---

2   Ibid.

3   Paul Virilio e Sylvère Lotringer, *Guerra pura: a militarização do cotidiano* [1983], trad. Elza Miné e Laymert Garcia dos Santos. São Paulo: Brasiliense, 1984.

tes de helicópteros levando soldados fortemente armados continuam a existir sob o pano de fundo de informações falsas, adulteração de provas, invisibilização dos agentes e dos responsáveis, desaparecimento dos assassinatos, dos corpos e dos nomes.

Com isso, o desaparecimento ultrapassa o nível mais elementar em que se confunde com o acaso ou com um acontecimento pontual, secundário, efeito da vontade individual ou de atos excepcionais de militares descontrolados e de criminosos perversos. Ele passa a envolver um conjunto de tecnologias, instituições, saberes, procedimentos e documentos que, como temos visto desde o capítulo anterior, operam de maneira sistemática – não sem deixar largos espaços à improvisação –, gerindo quem, o que, como e quando se pode aparecer e, inversamente, deve desaparecer.

Caso essas transformações não sejam levadas em conta no estatuto do desaparecimento, corre-se o risco de minimizar a função desse dispositivo na governança contrarrevolucionária. Baseados nos dados das diversas comissões civis e de Estado que investigaram os desaparecimentos forçados cometidos durante a ditadura brasileira, alguns pesquisadores sustentam que, no Brasil, a repressão se caracterizaria muito mais como um "poder torturador" que como um "poder desaparecedor", o qual foi implementado na Argentina ou no Chile, por exemplo. De fato, se nos ativermos aos números oficiais, a quantidade de desaparecidos políticos brasileiros é bastante inferior às cifras das outras ditaduras do Cone Sul. De acordo com a Comissão Nacional da Verdade, "durante a ditadura militar, entre 1964 e 1985, 243 pessoas foram vítimas de desaparecimento forçado, ou seja, mais da metade das 434 vítimas fatais da ditadura [...]".[4]

À parte o amplo reconhecimento de que o total de desaparecidos ao longo dos mais de vinte anos de ditadura é consideravelmente maior que o apresentado pelos dados oficiais, também é preciso questionar os pressupostos tácitos da tese

---

4   Comissão Nacional da Verdade, *Relatório*, v. 1. Brasília: Comissão Nacional da Verdade, 2014, p. 500.

de que no Brasil não se constituiu algo como um "poder desaparecedor", que equiparam desaparecimento a desaparecimento político e identificam este com a ação praticada por agentes da ditadura. Do ponto de vista desses estudiosos, o "poder desaparecedor" é exclusivamente entendido como "o poder do governo ditatorial de produzir desaparecimentos políticos". Restringe-se, assim, a noção de desaparecimento à causa que o ensejou – no caso, as motivações políticas explícitas do desaparecido – e ao responsável por executá-lo, o agente de Estado. Contudo, se, por um lado, tais restrições cumprem o objetivo estratégico de recortar com precisão o desaparecimento político, permitindo melhor denunciá-lo e investigá-lo, por outro lado, fragmentam o fenômeno do desaparecimento, perdendo de vista seu papel central na nova forma de governo contrainsurgente.

Da prisão ao aparelho, da visibilidade máxima do indivíduo encarcerado à invisibilidade da multidão de presos, da guerra localizada no campo de batalha aos ataques perpetrados por combatentes dissimulados que conseguem se espalhar por todas as regiões do espaço e se manifestar a qualquer tempo, da proliferação de papéis à ocultação de dados, do corpo a corpo aos *drones* guiados a distância, do corpo ao desaparecimento, essas são algumas das mudanças essenciais que se deram na governança brasileira sob influência do ensinamento estrangeiro. No entanto, afirmar que o desaparecimento vem assumindo o papel central no paradigma contrarrevolucionário de governo no Brasil não implica desconsiderar a existência de outras técnicas de guerra, como as prisões ilegais, a tortura, as execuções sumárias etc., que nunca deixaram de ser ensinadas, utilizadas, aprimoradas. O ponto sobre o qual insistimos é o de que o desaparecimento não opera somente como uma técnica suplementar a essas outras, e sim como uma racionalidade capaz de orientar a conduta das mais diversas áreas compreendidas pela governança contrarrevolucionária. Nesse sentido, das políticas de saúde ao domínio da segurança pública ou nacional, a lógica do desaparecimento dirige as decisões e os procedimentos governamentais relativos aos sistemas de informação, às intervenções policiais, ao tratamento dispensado às populações pobres e, finalmente, aos corpos mortos, ponto em que o desaparecimento funciona em nome da necrogovernamentalidade.

Com isso, ao empregar extensivamente o desaparecimento não apenas como técnica de combate mas, principalmente, como racionalidade política, a ditadura brasileira mostra que uma guerra contrarrevolucionária não envolve apenas o governo dos vivos: ela também implica e depende do governo dos mortos. Torturar e executar não basta; é preciso decidir sobre o destino dos cadáveres, sobre a forma como eles circularão nos necrotérios, nos cemitérios e, também, na memória social.

Malhães diz algo mais: a grande lição que afirma ter apreendido é a de que desaparecer causa mais pavor que matar. A contrarrevolução permanente se exerce também como um governo por meio do terror.[5] Não que isso seja propriamente uma novidade; lançando um olhar retrospectivo sobre a história do Brasil, da colônia ao século XX, diferentes formas de governo disseminaram o horror como parte de sua estratégia política de manutenção das hierarquias sociais, de submissão dos corpos e de conquista da adesão social, impactada pela violência exuberante manifestada pelos detentores da força, tal como se dava nos espetáculos públicos de suplício no Antigo Regime europeu. A novidade introduzida pela governança contrarrevolucionária orientada pela racionalidade do desaparecimento está no fato de que, como diz Malhães, o terror agora se alimenta também da incógnita, do não saber, da proliferação de perguntas e dúvidas a respeito do que o poder foi capaz de infligir a alguém. A materialidade da morte, ao mesmo tempo que manifesta a força do poder, igualmente a limita, circunscrevendo-a nas marcas localizadas no corpo, no tempo de duração do suplício, nos instrumentos utilizados pelos perpetradores, na personificação da vítima e de seus algozes. O desaparecimento do corpo, ao contrário, rompe com o enquadramento do terror que a aparição do morto propicia e, assim, faz repercutir indefi-

---

5   B. E. Harcourt, *The Counterrevolution*, op. cit.

nidamente uma violência sem forma, sem contornos, sem começo nem fim. Quando a violência se manifesta no silêncio do desaparecimento, os destinos humanos ficam incertos, tudo se torna possível e imaginável.

A influência teórica e prática dos estrangeiros, professores de Malhães e de seus colegas, na configuração do governo contrarrevolucionário orientado pelo desaparecimento encontrou, no Brasil, os dispositivos necrogovernamentais de desaparecimento administrativo dos quais tratamos no capítulo anterior. Essa mistura não apenas produziu modificações sensíveis nas técnicas de desaparecimento como também trouxe contribuições significativas para a necrogovernamentalidade brasileira, aportando novas formas de gestão dos cadáveres e de administração dos vivos por meio da morte. Para avaliarmos devidamente as mudanças, comecemos investigando as estruturas germinais dos dispositivos de desaparecimento como parte da racionalidade da guerra contrarrevolucionária.

Antecedentes históricos dos mecanismos de desaparecimento forçado

Pressionada pela multiplicação de casos de desaparecimento forçado de pessoas, a Organização das Nações Unidas incluiu essa prática no rol dos crimes contra a humanidade por meio da Resolução 33/173, adotada pela Assembleia Geral da ONU em 20 de dezembro de 1978.[6]

Após essa primeira declaração, muitas outras iniciativas foram promovidas no âmbito da legislação internacional para coibir a prática de desaparecimento forçado de pessoas, obrigando os Estados a localizarem e a identificarem os corpos das vítimas desaparecidas, a responsabilizarem juridica-

---

6   Camila A. Perruso, *O desaparecimento forçado de pessoas no sistema interamericano de direitos humanos: direitos humanos e memória*. Dissertação de mestrado. São Paulo: Faculdade de Direito – Universidade de São Paulo (USP), 2010, pp. 18–19.

mente os agentes responsáveis por esses crimes e a colaborarem com outros Estados e organismos internacionais na busca por desaparecidos. Nesse sentido, merece destaque a aprovação, em 1992, na Assembleia Geral da ONU, da Declaração sobre a Proteção de Todas as Pessoas contra Desaparecimentos Forçados ou Involuntários; o Estatuto de Roma, adotado em 1998, que incluiu o desaparecimento forçado entre os crimes contra a humanidade passíveis de julgamento pelo Tribunal Penal Internacional, criado naquela ocasião; e, mais recentemente, em 2006, a aprovação, também na ONU, da Convenção Internacional para a Proteção de Todas as Pessoas contra os Desaparecimentos Forçados. Ainda na esfera internacional, mas em âmbito continental, é digna de nota a aprovação, na Assembleia Geral da Organização dos Estados Americanos (OEA), da Convenção Interamericana sobre o Desaparecimento Forçado de Pessoas, em 1994.[7]

Dessa variedade de documentos produzidos ao longo das últimas décadas por diferentes organismos internacionais é possível extrair alguns traços comuns que definem o crime de desaparecimento forçado de pessoas:[8] a) sequestro ou prisão extrajudicial; b) privação de liberdade em estabelecimento legal ou clandestino; c) participação de agentes do Estado ou de grupos políticos que agem com cumplicidade, tolerância ou aquiescência do Estado; d) recusa formal, implícita ou explí-

---

7　Aliás, sobre a situação brasileira, a Comissão Nacional da Verdade é taxativa: "Nesse aspecto, o Brasil encontra-se em flagrante mora (e, portanto, ilegalidade) ao não haver tipificado a conduta do desaparecimento forçado em sua legislação penal, ainda que tenha se comprometido a isso ao ratificar tanto a Convenção da ONU como a da OEA sobre o tema, tendo sido, inclusive, condenado a fazê-lo por decisão da Corte IDH (Interamericana de Direitos Humanos) no Caso Gomes Lund e outros ("Guerrilha do Araguaia") vs. Brasil". Ver Comissão Nacional da Verdade, *Relatório*, v. 1, op. cit., p. 293.

8　Anistia Internacional, *Desapariciones forzadas y homicidios políticos: la crisis de los derechos humanos en los noventa – Manual para la acción*. Madrid: Editorial Amnistía Internacional, 1994, p. 91; Alejandra Leonor Pascual, *Terrorismo de Estado: a Argentina de 1976 a 1983*. Brasília: Ed. UnB, 2004, p. 62; Comissão Nacional da Verdade, *Relatório*, v. 1, op. cit., pp. 290–91.

cita, do Estado em fornecer informações sobre a detenção, o paradeiro e a situação da vítima, seguida frequentemente da veiculação de versões falsas sobre o fato e/ou da negação de que ela esteja sob custódia estatal; e) ocorrência de execução, morte sob tortura ou em razão de maus-tratos; f) ocultamento do cadáver ou dos restos mortais da vítima. É importante ressalvar que os ítens *e* e *f* não necessariamente estão presentes em todos os casos de desaparecimento forçado.

Por tudo isso, tal crime configura uma *violação múltipla, pluriofensiva ou complexa*. Ao retirar o indivíduo da proteção jurídica, inserindo-o numa zona de total anomia, como ficará mais claro na sequência, tal violação ocasiona a transgressão de vários outros direitos, como o direito à liberdade e à integridade pessoal, à vida, à ampla defesa e à proteção judicial.[9]

Apesar de somente no fim da década de 1970 ser tipificado, no âmbito do direito internacional, como crime contra a humanidade, o desaparecimento forçado de pessoas não é uma prática recente na história das guerras. Ao contrário, a ocultação de corpos de soldados mortos em combate levou a Conferência Internacional da Cruz Vermelha, em 1925, a determinar que placas de identificação deveriam obrigatoriamente compor os uniformes utilizados por militares.[10]

Contudo, a história do desaparecimento sofreu uma inflexão fundamental na Segunda Guerra Mundial, quando se tornou explicitamente uma política de Estado dirigida também contra a população civil.[11] Um primeiro experimento nesse sentido ocorreu em 1940,[12] resultado de uma ordem militar

---

9 Comissão Nacional da Verdade, *Relatório*, v. 1, op. cit., p. 292.

10 C. A. Perruso, *O desaparecimento forçado de pessoas no sistema interamericano de direitos humanos*, op. cit., pp. 17–18.

11 Brian Finucane, "Enforced Disappearance as a Crime under International Law: A Neglected Origin in the Laws of War". *The Yale Journal of International Law*, v. 35, n. 171, 2010, p. 175.

12 Padrós defende que, durante a Guerra Civil Espanhola, os franquistas recorreram maciçamente ao desaparecimento forçado na disputa contra os simpatizantes da República. Ver Enrique S. Padrós, *"Como el Uruguay no hay...": terror de Estado e segurança nacional no Uruguai (1968–1985), do pachecato à ditadura civil-militar*. Tese de

ditada por Hitler que ficou conhecida como "balanço do terror".[13] Tratava-se, por meio dela, de reprimir toda e qualquer reação contra soldados e autoridades nazistas por parte de resistentes dos territórios ocupados pelo *Reich*. A ordem determinava que, de acordo com a patente militar de um soldado nazista morto, certo número de resistentes e civis seriam executados em contrapartida. Como observa Padrós, "essa ordem implicava, na prática, a apreensão de reféns e a estruturação de um eficiente sistema de desinformação sobre os mesmos, tanto no que se referia ao lugar de detenção quanto às condições em que se encontravam".[14]

Mas o marco normativo responsável pela incorporação do desaparecimento entre os dispositivos estatais de repressão é o decreto nazista "Noite e Nevoeiro" (*Nacht und Nebel Erlass*), assinado em 17 de dezembro de 1941. O objetivo dessa normativa, como observa Finucane, era duplo: em primeiro lugar, fazer com que um prisioneiro, a respeito do qual não se tinha absoluta certeza de que seria condenado à morte por um tribunal militar, fosse subtraído da proteção da lei e desaparecesse sem qualquer informação a respeito de seu paradeiro; em segundo, intimidar e gerar ansiedade na família do desaparecido e, depois, em toda a comunidade, uma vez que o destino do indivíduo tornava-se permanentemente incerto.[15] Segundo Manvell, a política nazista de desaparecimento operava da seguinte forma:

> [...] quaisquer pessoas a quem as autoridades julgassem perigosas para a segurança alemã, independentemente da nacionalidade, podiam ser presas e desaparecer "na noite e no nevoeiro", de modo que não pudesse haver qualquer tipo de julgamento ou inquirição capaz de despertar sentimentos locais. [...] A pri-

---

doutorado. Porto Alegre: Instituto de Filosofia e Ciências Humanas – Universidade Federal do Rio Grande do Sul (UFRGS), 2005.

13 Ibid., p. 618.

14 Ibid.

15 B. Finucane, "Enforced Disappearance as a Crime under International Law", op. cit., p. 176.

são, quando feita pela Gestapo, ocorria repentinamente e quase sempre a horas mortas. O prisioneiro era arrastado de casa, jogado dentro de um veículo e rapidamente levado para local ignorado. Nenhuma súplica dos membros da sua família ou de quem quer que intercedesse em seu benefício faria com que se conseguisse descobrir o que acontecera com ele, ou mesmo seu paradeiro. Se fosse julgado, ele o seria na Alemanha, e acabaria recebendo o tratamento dispensado aos prisioneiros da Gestapo. Na verdade, se não fosse sumariamente executado, não seria mais que um número, definhando no fundo de uma cela da Gestapo, sujeito a interrogatório intermitente e à tortura, ou então condenado a uma morte lenta num campo de concentração. [...] Nenhuma autoridade, na França ou no país de origem do prisioneiro, qualquer que fosse ele, admitia conhecer algo a respeito do que lhe tivesse acontecido. Nem a autoridade civil nem a militar era responsável.[16]

Como há poucas investigações sobre a política nazista de desaparecimento, não é possível conhecer os detalhes do percurso que a fez migrar de seu *locus* embrionário para as guerras coloniais do século xx. Contudo, não é despropositado inferir que estas recuperaram e desenvolveram a prática nazista de desaparecimento com o apoio político de Estados democráticos, que não apenas faziam vista grossa para as denúncias de desaparecimento de pessoas como também recomendavam explicitamente seu uso nessas zonas de exceção permanente na periferia do mundo capitalista.

Um novo tipo de guerra: "a guerra revolucionária"

A genealogia dos dispositivos de desaparecimento, tal como os encontramos nas ditaduras e nos governos democráticos da América Latina, deve retroceder até o momento em que novas tecnologias de guerra começaram a ser elaboradas para

---

16 Roger Manvell apud E. S. Padrós, "*Como el Uruguay no hay...*", op. cit., p. 624.

fazer face a um tipo inédito de conflito, totalmente distinto dos padrões de combate armado hegemônicos até a década de 1950.

Foi em meio aos arrozais e às inúmeras planícies alagadas da Indochina francesa,[17] cortadas por canais e cercadas de bambus, que os colonizadores se defrontaram pela primeira vez com uma guerra para a qual não estavam militarmente preparados: tratava-se de uma guerra sem fronte, sem linhas de batalha, sem um exército precisamente definível. O Viet Minh,[18] como ficou conhecida a força militar popular vietnamita que se organizava sob o comando do general Giap para a independência do Vietnã, prescindia das táticas tradicionais de batalha. Mesmo que não tenham criado essas novas técnicas de guerra, já utilizadas pontualmente em outros contextos, sem dúvida foram os combatentes da Indochina que as integraram em um programa político-militar eficiente.

Em linhas gerais, a técnica de combate empregada pelos combatentes do Viet Minh durante o enfrentamento com o exército francês, mais numeroso e mais bem equipado, era aproveitar-se da própria topografia da Indochina para conquistar vantagem sobre o colonizador. Camuflados na paisagem, escondidos pela noite, imiscuídos entre a população local, movendo-se sob a terra ou entre os bambus, ocultando minas e armadilhas em estradas e vias de deslocamento, os combatentes do Viet Minh *desaparecem* para combater os franceses mais eficazmente.

Não foram poucos os militares franceses que desenvolveram teorias para tentar compreender e reverter o que se passava na Indochina com as tropas colonizadoras. Dentre esses pensadores militares, merece destaque o coronel Charles Lacheroy, autor de um texto fundador das novas tecno-

---

17   A Indochina francesa abrangia Conchinchina, Anam, Tonkín, Camboja e Laos.

18   Viet Minh é a "contração de Viêt Nam Ðôc lâp Ðồng minh Hôi – Liga pela Independência do Vietnã". Ver Leneide Duarte-Plon, *A tortura como arma de guerra: da Argélia ao Brasil, como os militares franceses exportaram os esquadrões da morte e o terrorismo de Estado.* Rio de Janeiro: Civilização Brasileira, 2016, p. 40.

logias de combate: "Une arme du Viêt-minh, les hiérarchies parallèles" [Uma arma do Viet Minh, as hierarquias paralelas]. Nessa conferência, muitas vezes pronunciada para diferentes plateias militares, verdadeira cartilha de vários chefes de Estados-Maiores, Lacheroy utiliza, pela primeira vez, o termo "guerra revolucionária"[19] para se referir ao tipo de tática empregada pelo exército de libertação da Indochina.

Para o coronel, o problema número um a ser respondido para se ganhar a "contrarrevolução" é o controle e o uso da população civil como instrumento e meio para a guerra. Como os franceses viram no caso da Indochina, milhares de habitantes da região, incluindo mulheres e crianças, participaram direta ou indiretamente da luta contra os colonizadores, seja atuando nos campos de batalha, seja protegendo, alimentando, transportando ou cuidando dos guerrilheiros. As causas de tamanha adesão popular eram atribuídas, por Lacheroy, às *hierarquias paralelas*,[20] uma forma de organização política, social e militar na qual propaganda ideológica, coerção violenta e vigilância recíproca se misturavam, formando grandes redes de controle lideradas pelo Partido Comunista.

Assim, a velha caracterização do militar inimigo através dos símbolos que esse portava no corpo – a farda, a bandeira, os distintivos – perde qualquer relevância diante de um novo tipo de exército, indistinto da população civil. Começa a se forjar um conceito central das doutrinas de segurança nacional, nas quais se baseiam as ditaduras latino-americanas: o *inimigo interno*. A indistinção entre amigo e inimigo no interior de um mesmo território exigia uma reação contrarrevolucionária inédita, capaz de empregar novas técnicas militares,

---

19 Marie-Monique Robin, *Escadrons de la mort, l'école française.* Paris: La Découverte, 2008, p. 38.

20 Para uma análise detalhada da perspectiva de Lacheroy sobre a técnica das hierarquias paralelas, recomendamos Marie-Cathérine Villatoux e Paul Villatoux, "Aux origines de la 'guerre révolutionnaire': le colonel Lacheroy parle". *Revue Historique des Armées*, v. 268, 2012, p. 3.

mesmo que, para isso, fosse necessário chocar a "consciência humana" e as legislações de guerra.

Para Lecheroy, uma guerra revolucionária se faz apenas quando os princípios morais e as legislações são suspensas, criando um estado de exceção. Isso dá carta branca às Forças Armadas, na França ou alhures, para utilizar os remédios que forem necessários para garantir a vitória. Elevadas a conteúdo obrigatório do programa oficial de formação da Escola Superior de Guerra da França, em 1954, as teses de Lacheroy não esperaram muito tempo para produzir seus efeitos.

De fato, foi ainda na Indochina que o comando francês tentou aplicar as primeiras técnicas da nova guerra contra a revolução. Para fazer face ao poder de mobilização dos guerrilheiros, os militares franceses se dedicaram à "guerra psicológica", que incluía tanto a contrapropaganda e a difusão de informações visando a combater o discurso de Ho Chi Minh quanto ações no plano social, tais como construção de escolas e campanhas de vacinação, a fim de mitigar as insatisfações populares e, assim, enfraquecer a adesão ao Viet Minh. Ao mesmo tempo, para otimizar o controle sobre o território, buscou-se disseminar tropas francesas pela Indochina, dividindo-a em zonas, subzonas, pequenas áreas etc. Esse procedimento foi depois aprimorado na Guerra da Argélia por outro importante teórico da contrarrevolução, Roger Trinquier, ficando conhecido como "técnica do quadriculamento".[21] Em algumas dessas áreas, os militares colonizadores reaplicaram o método medieval da fortificação de vilas, com

---

21 Na Argélia, essa técnica deu origem aos "dispositivos de proteção urbana" ou DPU. "Com o DPU, Trinquier desenvolve um sistema de quadriculamento urbano que também se tornará uma referência para os futuros ditadores. O princípio: Argel e sua periferia são divididas em setores, subsetores, ilhotas e grupos de casas. Na ponta da cadeia, cada casa é numerada no mapa e com pincel na fachada. [...] A cada nível – quarteirão, ilhota, grupo de casas e casa – é designado um chefe, encarregado de anotar os movimentos da população pela qual ele tem responsabilidade, todo indivíduo recenseado tendo um número de matrícula individual." M.-M. Robin, *Escadrons de la mort, l'école française*, op. cit., p. 111.

o intuito de defender setores da população da incidência e da coação dos guerrilheiros. Porém, a essas técnicas somou-se uma série de outras práticas, bem mais ofensivas e aterrorizantes. Fiéis aos ensinamentos de Lacheroy e de outros ideólogos militares que afirmavam a excepcionalidade das ações em razão da gravidade dos métodos usados na guerra revolucionária, os comandantes franceses estimulavam a criação de grupos especiais aos quais era atribuída suficiente autonomia para que aplicassem todos os meios necessários para a consecução do objetivo final: a dissolução da revolta colonial. Com esse espírito, foram praticados torturas, execuções sumárias, esquartejamentos e até alguns desaparecimentos,[22] embora se estivesse ainda um passo antes da sistematização dessa prática, que ocorreu somente na Guerra da Argélia.

Apesar da mudança tática dos franceses, o Viet Minh saiu vitorioso da guerra, na batalha histórica de Dien Bien Phu, ao cabo da qual o Vietnã se libertou da presença francesa[23] – embora, na sequência, a região tenha se tornado palco de uma nova guerra, dessa vez contra os Estados Unidos. A derrota na Indochina abriu uma ferida que continuou aberta em setores importantes das Forças Armadas francesas, obrigando seus ideólogos a elaborar novas técnicas de guerra, mais bem adaptadas a um novo tipo de inimigo.

---

22 Sobre os desaparecimentos praticados na Indochina, Robin observa que "[...] em um livro publicado em 1988, o sargento da Legião Estrangeira Henryk Szarek testemunha a utilização de uma técnica de desaparecimento, ancestral dos 'camarões Bigeard' da Argélia: em uma tarde de 1951, enquanto faz a guarda na ponte Doumer, na entrada de Hanói, ele vê um Jeep passar e parar no meio da ponte, apesar da interdição. Na manhã seguinte, ele descobre que cadáveres carregados com peso foram jogados no rio Vermelho". Ibid., p. 55.

23 "Com os Acordos de Genebra, assinados em julho de 1954, os franceses se retiram da Indochina, dando origem ao Vietnã, que nascia dividido em duas entidades, um país comunista, ao norte, criado nove anos antes por Ho Chi Minh, e outro não comunista, ao sul." Ver L. Duarte-Plon, *A tortura como arma de guerra*, op. cit., pp. 127–28.

A Guerra da Argélia e a oficialização da exceção contrarrevolucionária

Desde a década de 1940, impulsionados pela experiência insurrecional da Indochina, nacionalistas argelinos vinham realizando sublevações civis e ações armadas contra, principalmente, representantes do governo e da elite europeia estabelecida na Argélia, em cujas mãos se concentravam dois terços das terras férteis do país, bancos, minas, empresas marítimas, serviços públicos e a totalidade da produção vinícola, principal fonte argelina de recursos econômicos na época.[24] A situação se agravou ainda mais na década de 1950, culminando na fundação da Frente de Libertação Nacional (FLN) e de seu braço armado, o Exército de Libertação Nacional (ELN), que tinham como objetivo a constituição de um Estado argelino democrático e social, erigido sobre princípios islâmicos. Em setembro de 1956, ocorre o primeiro atentado na capital Argel, desencadeando uma violenta reação da metrópole francesa.

De fato, os militares gálicos, muitos dos quais recém-saídos da dura derrota na Indochina, interpretavam o que estava se passando na Argélia com as lentes que Lacheroy havia forjado alguns anos antes: tratava-se, novamente, de uma guerra revolucionária, promovida sob os auspícios do comunismo internacional, com o objetivo não apenas de libertar o país de sua ligação colonial com a França como, também, de ampliar a zona de influência mundial do comunismo. Mais uma vez, os inimigos últimos a serem combatidos eram a União Soviética e a China. Feito o diagnóstico, a terapêutica se apresentava imediatamente: reconquista militar do território e de sua população e destruição das estruturas políticas, administrativas e militares que sustentavam a insurreição anticolonial.

Para tanto, fazia-se necessário aplicar novos "procedimentos técnicos", como dizia em um documento oficial o general Lorillot, comandante do 10º Regimento Militar. Desde

---

24 Manuel Salazar, *Las letras del horror, v. 1: La Dina*. Santiago: LOM, 2011, p. 24.

a guerra da Indochina, as altas patentes francesas não cessaram de fazer apelo ao "ineditismo" e ao "invencionismo" técnico como única resposta possível diante de um cenário de guerra absolutamente incompatível com os ensinamentos tradicionais que haviam recebido durante seus anos de formação. Sob o clamor pela novidade tática, porém, o que se deve ouvir é menos uma conclamação à criatividade que uma demanda de *oficialização* de práticas bastante conhecidas e mesmo já utilizadas em outros momentos, ainda que condenadas pelas leis da guerra.[25]

Para oficializar o que proibiam as normativas em vigor, era preciso caminhar rumo a uma legislação de exceção, segundo os ensinamentos de Lacheroy. No caso da Guerra da Argélia, e também das ditaduras latino-americanas, o caráter particular dos conflitos tornava ainda mais difícil justificar a aplicação de novas técnicas de combate: embora os militares franceses considerassem estar em uma guerra, do ponto de vista oficial tratava-se mais precisamente de um conflito interno à própria França – ainda que entre a metrópole e uma região colonial. Por isso, os procedimentos do direito comum permaneceriam aplicáveis. Contra essa interpretação, importantes setores das Forças Armadas francesas iniciaram uma campanha no sentido de pressionar as autoridades políticas do país a reconhecer a necessidade de legislações excepcionais, que facilitassem o recurso a medidas também excepcionais. Em suma, o estado de exceção era requerido para que técnicas ilegais pudessem ser utilizadas normalmente no espaço anômico criado como efeito da suspensão do ordenamento jurídico.

A exigência geral dessas campanhas era a redução do controle parlamentar e judiciário sobre as ações militares, centralizando nas autoridades castrenses todas as decisões concernentes à guerra. Em tal processo, porém, é importante sublinhar um paradoxo repleto de consequências: a unificação do poder nas mãos das instituições militares era correlata

---

25 M.-M. Robin, *Escadrons de la mort, l'école française*, op. cit., pp. 73–74.

de sua descentralização entre generais, coronéis, capitães, tenentes e até suboficiais, cada qual possuindo plena autonomia no interior de suas zonas operacionais, criadas a partir do quadriculamento do território argelino. Assim, em dado momento, desde as altas patentes até os mais baixos graus da hierarquia militar assumem sobre determinado território o poder de decidir a respeito da prisão e da liberdade, da morte e da vida de qualquer indivíduo. A simbiose entre o soberano e os militares, de que falava Agamben,[26] não poderia ser mais explicitamente reconhecida que nestes depoimentos; o primeiro, de Paul Aussaresses, figura que discutiremos melhor adiante: "como não se podia erradicar o terrorismo urbano pelas vias policiais e judiciárias ordinárias, demandava-se aos paraquedistas substituir tanto os policiais quanto os juízes";[27] o segundo, do general Jacques Pâris de Bollardière, ex-Legião Estrangeira, crítico das barbáries praticadas pela França na Argélia: "o Exército, pouco a pouco, conquistou, um após o outro, todos os instrumentos do poder, aí compreendido o judiciário, e se tornou um verdadeiro Estado no Estado".[28]

Assim, cada soldado era uma hipóstase de juiz, policial, militar, legislador, em suma, do próprio Estado. Enquanto tal, cabia a ele, e apenas a ele, decidir sobre os limiares da lei, sobre sua aplicação ou suspensão, sobre o estado normal ou sobre o estado de exceção. É no quadro da função soberana conquistada pelos militares franceses na Argélia que se pode compreender a ação dos *esquadrões da morte* comandados por Aussaresses. Esses esquadrões reuniam grupos de soldados que se encarregavam dos prisioneiros após seus interrogatórios. Um dos destinos dados aos corpos era o *desaparecimento*. O comandante Aussaresses é preciso quando questionado se a técnica de desaparição foi inaugurada durante a Batalha de Argel: "Sim! Não era possível fazer um

---

26 Giorgio Agamben, *Homo sacer: o poder soberano e a vida nua I* [1995], trad. Henrique Burigo. Belo Horizonte: Ed. UFMG, 2002, p. 128.
27 Apud M.-M. Robin, *Escadrons de la mort, l'école française*, op. cit., p. 94.
28 Ibid., p. 95.

processo judiciário para cada pessoa que se prendia. Durante os seis meses da Batalha de Argel, foram presas 24 mil pessoas", das quais, calcula o militar, cerca de 3 mil desapareceram.[29] Na sequência, veremos que esse foi um dos argumentos utilizados pelos ditadores brasileiros – e também pelos argentinos – para explicar a prática do desaparecimento.

A cifra de desaparecidos, assim como o aprimoramento de métodos para a ocultação dos corpos (mesmo que não poucas vezes estes fossem devolvidos pelo mar),[30] levam-nos a pensar que o desaparecimento de pessoas não foi um evento contingente nas guerras contrarrevolucionárias da segunda metade do século XX. Ao contrário, o desaparecimento foi um verdadeiro dispositivo, indissociável de outras formas sistemáticas de repressão, como a tortura, a execução sumária e a guerra psicológica. Sobre esta última, é importante relembrar que, desde Lacheroy e outros ideólogos militares, as ações psicológicas eram vistas como parte essencial das modalidades de intervenção nas guerras contrarrevolucionárias. Prova disso foi a inauguração, em 1955, na Argélia, de um centro de formação dedicado ao ensino de técnicas de guerra psicológica aos militares de todas as patentes.[31] Além disso, durante a Guerra da Argélia, foram criados os *5es. bureaux*, que, ao lado dos outros quatro tradicionais que compunham o Estado-maior, eram especialmente responsáveis por colocar em ação armas

---

29 Ibid., p. 107.

30 Diversas vezes, corpos presos em calços de concreto que haviam sido arremessados ao mar foram encontrados nas praias argelinas. Tornaram-se conhecidos pelo epíteto "camarões Bigeard", em referência ao general francês.

31 Trata-se do Centro de Instrução de Pacificação e da Contraguerrilha (CIPCG), no qual Lacheroy frequentemente ministrava cursos e onde certo número de oficiais estrangeiros se formou na "doutrina francesa". Segundo o CIPCG, a "guerra na Argélia é uma guerra revolucionária", título de um programa de formação que precisa as modalidades de "conduta da guerra revolucionária na Argélia": "ação psicológica; guerra psicológica; destruição de grupos armados; destruição da infraestrutura rebelde: a inteligência política; a investigação; a ação policial, a guerra contra o terrorismo". Ver M.-M. Robin, *Escadrons de la mort, l'école française*, op. cit., p. 72.

psicológicas no combate aos revolucionários. Dentre essas técnicas, ensinou-se não apenas a produzir contrainformação e propaganda política – usando, para isso, desenhos animados, cartazes e panfletos – e a investir na adesão popular à metrópole por meio de ações de assistência social e de saúde, mas também a induzir medo e terror na população por diversos meios, tais como a exposição pública de cadáveres, como as realizadas pelo coronel Argoud, e o desaparecimento forçado de guerrilheiros e civis. Nesse sentido,

> A dissimulação maciça de cadáveres, que evoca hoje os "desaparecidos" da Argentina ou da "Segunda Guerra da Argélia" (desde 1992), é uma característica da Batalha de Argel, durante a qual os militares franceses inauguram um método considerado, da mesma forma que a tortura, uma arma da guerra contrarrevolucionária. Para além do aspecto "prático", que consiste em se livrar de cadáveres incômodos, a técnica do "desaparecimento forçado" visa também, e talvez principalmente, aterrorizar as populações, e, assim, submetê-las: "longe de ser uma casualidade, o desaparecimento de cadáveres das pessoas presas e torturadas manifesta a repressão racionalizada colocada em prática pelos paraquedistas em seus centros de detenção e de interrogatório, comenta Raphaëlle Blanche. Ela acrescenta uma violência simbólica à palheta de todos os gestos violentos que a precederam". *A exemplo das exposições de cadáver, tão caras ao coronel Argoud, o desaparecimento não representa uma falha do sistema, e sim, mais propriamente, um elemento do dispositivo organizado no quadro da guerra antissubversiva, cujo objetivo é "impedir a mobilização de grupos e frear a ação coletiva" pelo medo assim destilado nas pessoas próximas da vítima e, por capilaridade, em faixas mais amplas da população.*[32]

Se o desaparecimento fora utilizado anteriormente, com as guerras contrarrevolucionárias ele se converte em um dispositivo aprovado, recomendado e legitimado teórica e praticamente pelas autoridades militares e civis de metrópoles tidas

---

32 Ibid., p. 108, grifos nossos.

como *democráticas*. Assim, vale para o desaparecimento o que *Le Livre Blanc de l'armée française en Algérie* [O livro branco do exército francês na Argélia][33] diz a respeito da tortura: é a primeira vez que "ela é aceita como um método de guerra, recomendada pelos chefes militares e aprovada pelos responsáveis políticos".[34] Ou, nas palavras de outro importante militar francês, o general Robert Bentresque, um dos primeiros a chegar na Argentina, na década de 1950, para ensinar a guerra contrarrevolucionária: "[...] de fato, graças à Argélia, os franceses codificaram a guerra subversiva dando nome a coisas que já existiam".[35]

A exportação da doutrina francesa da guerra revolucionária

A Escola Superior de Guerra de Paris (ESG) foi o grande centro responsável pela transnacionalização da doutrina francesa durante a década de 1950. Segundo dados colhidos por Gabriel Periès e retomados por Robin, no período entre 1951 e 1962, 16,8% dos estagiários da ESG eram estrangeiros, dos quais 45,05% provinham da América Latina. O Brasil ocupou a primeira posição entre os países que mais enviaram militares para realizar cursos naquela instituição: 24,4% dos latino-americanos da ESG eram brasileiros.[36]

Além do estudo *in loco* por militares latino-americanos, as teorias e as técnicas francesas sobre a guerra revolucionária

---

33 Trata-se de uma publicação de dezembro de 2001 em que 521 oficiais generais que serviram na Argélia respondem ao que chamam de "campanha contra o Exército" promovida por jornais como *Le Monde* e *L'Humanité*, os quais acusam de apoiar a propaganda comunista contra a França. O *Livro branco* elogia a missão civilizadora francesa na Argélia e os esforços metropolitanos para preservar a área colonial. Sobre isso, ver M.-M. Robin, *Escadrons de la mort, l'école française*, op. cit., pp. 119–20.

34 Apud M.-M. Robin, *Escadrons de la mort, l'école française*, op. cit., p. 120.

35 Ibid., p. 207.

36 Ibid., pp. 168–69.

chegaram ao continente pelas mãos dos próprios militares gálicos, seja durante missões oficiais, realizadas a pedido dos governos locais, seja de modo ilegal. Este é o caso de militares desertores ligados à Organização do Exército Secreto (OAS, em francês), uma organização paramilitar, nacionalista e de extrema direita, criada no início da década de 1960, que utilizava as mesmas técnicas dos revolucionários argelinos para lutar contra a independência do país e contra a política externa do general De Gaulle.[37] Alguns partidários da OAS, muitos deles ex-militares, fugiram para a Argentina com o apoio de setores conservadores da Igreja Católica e de políticos argentinos.[38] Além da experiência agrícola, que os tornava interessantes para os propósitos do governo argentino de desenvolver a agricultura do país, eles certamente levaram na bagagem os métodos de tortura, execução e desaparecimento maciçamente praticados pela OAS e por suas ramificações, como os Comandos Delta.[39]

Foi nesse contexto de intercâmbios militares entre América Latina e França que se organizou, em 1961, na cidade de Buenos Aires, o primeiro "curso interamericano de guerra contrarrevolucionária", reunindo 37 oficiais provenientes de 14 países latino-americanos, dos quais estavam excluídos Cuba e Haiti. Juntamente com as técnicas da guerra contrarrevolucionária, os franceses transmitiram a teoria da organização política ditatorial, que preconiza a ditadura como único meio de se levar a cabo uma guerra total.

Para além de contar com o ensino diretamente ministrado por militares franceses instalados na América Latina, sobretudo na Argentina e no Brasil,[40] a guerra contrarrevolu-

---

37 Ibid., p. 185.

38 Ibid., p. 192.

39 Os Comandos Delta eram braços operacionais especiais da OAS, encarregados de praticar ações terroristas como execuções sumárias, frequentemente com a exposição do cadáver em locais públicos, atentados etc. Sobre esses comandos, recomendamos M.-M. Robin, *Escadrons de la mort, l'école française*, op. cit., pp. 187-90.

40 O contato mais direto com os franceses foi um dos fatores responsáveis pela reduzida participação de militares desses dois paí-

cionária também chega às ditaduras latino-americanas por meio de uma triangulação com os Estados Unidos, onde se incorpora à Doutrina de Segurança Nacional (DNS), criada em 1947 pelo governo Truman como um novo instrumento ideológico para o avanço imperialista estadunidense sobre a Europa.[41]

A partir da década de 1960, quando John F. Kennedy assume a presidência dos Estados Unidos, a DSN passará por profundas transformações, distanciando-se de uma estratégia de antecipação a um presumido ataque da União Soviética aos estadunidenses e a seus aliados europeus. Kennedy e seus assessores entendiam que a possibilidade de um conflito direto entre as duas superpotências era remota, sobretudo em razão do risco de que tal confronto escalasse rapidamente para uma guerra nuclear – é importante lembrar que, em 1953, o governo soviético anunciou sua primeira bomba atômica,[42] forçando a política externa estadunidense a adotar posturas mais diplomáticas para com o Kremlin. De acordo com os ideólogos da Casa Branca, os novos capítulos da Guerra Fria se passariam alhures, nas lutas por independência das colônias ou na sublevação, no chamado Terceiro Mundo, de grupos armados insuflados pelo comunismo internacional e motivados pelo exemplo da Revolução Cubana.

———

ses nos cursos ministrados na Escola das Américas, por exemplo. Segundo informações dessa instituição analisadas por Robin, até 1994, "cerca de 60 mil oficiais latino-americanos haviam seguido cursos desde sua criação em 1946, dos quais 8679 colombianos, 4049 bolivianos, 2405 chilenos, 6693 nicaraguenses, 6676 salvadorenhos, 3691 hondurenhos, 1676 guatemaltecos, *355 brasileiros e 931 argentinos*". Ver M.-M. Robin, *Escadrons de la mort, l'école française*, op. cit., p. 272, grifos nossos. Outro elemento que explica a pouca participação de oficiais da Argentina e do Brasil na Escola das Américas é a criação de um centro local de treinamento, a Escola de Manaus, sobre a qual voltaremos a falar.

41 José Comblin, "La doctrina de la seguridad nacional", in *Dos ensayos sobre seguridad nacional*. Santiago: Vicaría de la Solidaridad, 1979, p. 112.

42 Ibid., p. 38.

A grande ameaça à segurança do chamado "mundo livre", aquele pelo qual o grupo de nações capitaneado por Washington tanto dizia lutar, não viria mais do exterior, na forma de uma invasão soviética à América; o perigo, agora, havia passado para dentro das fronteiras dos Estados, podendo brotar a qualquer momento dos lugares mais inesperados e se alastrar qual uma praga. A doutrina McNamara insistia que a segurança dos Estados Unidos e a de todo o mundo livre era responsabilidade coletiva dos países, especialmente daqueles que formavam o Terceiro Mundo, uma vez que, como haviam mostrado as guerras da Argélia e da Indochina, bem como os exemplos de Cuba e da Guatemala, eles constituíam solo fértil para irrupções internas de movimentos revolucionários contaminados pelo comunismo. Por isso, uma nova DSN deveria assumir os desafios desse momento da Guerra Fria, criando tecnologias para o enfrentamento de guerrilhas urbanas e revoluções civis.

Ora, nessa matéria, bem sabiam os Estados Unidos, a expertise era da França. Um dos principais instrutores franceses nas importantes escolas militares de Fort Benning (no estado da Geórgia) e, depois, de Fort Bragg (na Carolina do Norte) foi o mesmo Paul Aussaresses que, alguns anos antes, atuara em várias das "missões especiais" na Argélia, comandando esquadrões da morte e de desaparecimento. Em entrevista a Marie-Monique Robin, o coronel Carl Bernard, que ajudou a organizar os cursos de Aussaresses em Fort Bragg, revelou o conteúdo das aulas:

> — [...] Ele nos explicou que na guerra revolucionária o inimigo é a população e que para ganhar é preciso ter um bom serviço de informação, capaz de identificar, depois destruir, a infraestrutura política e administrativa do adversário. Essa infraestrutura repousa sobre células de três homens, compartimentados e ligados à cabeça do movimento por uma estrutura piramidal. Para destruir essas células, é preciso encontrar quais são seus contatos na população. Há muitas maneiras de realizar isso: primeiro, tenta-se a persuasão, depois, se ela não funciona, utiliza-se a ameaça; isso depende também do nível de preparação das pessoas apreendidas...

— Aussaresses falou para vocês da tortura?

— Sim, ele nos explicou para que serve a tortura [...].[43]

E, provavelmente, também deve ter falado aos militares de Fort Bragg sobre as técnicas de desaparecimento praticadas na Argélia. Os elementos essenciais das teorias francesas sobre a guerra contrarrevolucionária são mencionados por Bernard neste resumo do programa das aulas de Aussaresses: o conceito de inimigo interno, as estruturas paralelas, a necessidade de controle populacional, a primazia da informação, a guerra ideológica e, evidentemente, os "métodos não convencionais".[44]

Essas ideias e técnicas, somadas à defesa da organização ditatorial do Estado e à teoria de que a guerra contrarrevolucionária é uma guerra total, que se luta em todas as esferas da vida social, foram exportadas aos países da América Latina pelos Estados Unidos como parte de seu programa de defesa contra a expansão do comunismo no Terceiro Mundo. Ao invés da intervenção direta das Forças Armadas estadunidenses nos países latino-americanos – opção descartada por Nixon após os efeitos colaterais da malfadada intervenção no Vietnã –, tratava-se, agora, de disseminar a nova DSN para militares, políticos e empresários dessas nações, a fim de que eles soubessem quem são os novos inimigos da ordem e como se deveria combatê-los.[45]

---

43 M.-M. Robin, *Escadrons de la mort, l'école française*, op. cit., p. 252.

44 Ibid.

45 Por isso, Comblin distinguirá dois momentos do programa de defesa implementado pelos Estados Unidos visando à América Latina: "De 1945 a 1961, a estratégia consiste num programa de defesa continental contra uma possível invasão russa vinda do Atlântico; a partir de 1961, a estratégia é orientada contra uma invasão interna: os programas de Kennedy são responsáveis por essa brusca mudança. Em 1961, os programas de assistência militar mudaram: em vez de armamentos pesados e de material naval ou aeronaval com vistas a lutar contra eventuais submarinos russos etc., passam a ser enviados apenas materiais leves, destinados à

Com o objetivo de dispensar formações segundo o modelo da DSN, foram criadas escolas de treinamento militar como a Escola das Américas[46] e a Escola de Manaus,[47] nas quais milhares de soldados latino-americanos eram introduzidos às técnicas e às concepções de guerra contrarrevolucionária que haviam sido forjadas na França e reelaboradas nos Estados Unidos.

Essa fusão entre as tecnologias francesas e a doutrina estadunidense de segurança nacional tem ainda outras implicações para as experiências ditatoriais latino-americanas. Se, por um lado, a DSN incorporou os ensinamentos práticos e teóricos dos franceses, que perceberam antes dos Estados Unidos as transformações pelas quais passava a guerra tradicional, por outro lado, os estadunidenses incluíram na doutrina da guerra contrarrevolucionária francesa uma agenda político-econômica absolutamente afinada com os interesses capitalistas de seu país.

—

guerra de guerrilha". J. Comblin, "La doctrina de la seguridad nacional", op. cit., p. 83.

46 "Criada em 1946 na zona do canal do Panamá, sede do Comando Sul do exército estadunidense, a escola se transferirá para Fort Benning em 1985, depois será fechada em 2000 após uma campanha de opinião denunciando a implicação da 'escola de assassinos' nas guerras sujas que sangraram o hemisfério sul nos anos 1970 e 1980". M.-M. Robin, *Escadrons de la mort, l'école française*, op. cit., p. 267.

47 A Escola de Manaus, ou Centro de Instrução de Guerra na Selva, foi criada em 1964 por um decreto do primeiro ditador brasileiro do período militar, o marechal Castelo Branco. Ainda que o ensino ministrado nesse centro se baseasse na doutrina estadunidense de segurança nacional, que fora introduzida no Brasil por assessores estadunidenses quando da fundação da Escola Superior de Guerra, em Brasília, a Escola de Manaus também recebeu forte influência das teorias francesas da guerra contrarrevolucionária. Isso fica patente na decisão de convidar como professor o general Paul Aussaresses.

[3]
BRASIL:
UM LABORATÓRIO
NECROGOVERNAMENTAL

Muita gente botou a mão na massa. Era comum um coronel fazer uma cagada e pedir pra gente limpar. [...] Eles batiam, exageravam, chamavam a gente e diziam: "Olha, é preciso enterrar esse aí". Às vezes nem se sabia quem era. O cara já estava em um saco. Era pegar e levar. Mas isso só era feito com o cadáver caro. O simples, a gente levava para o IML e o legista dava um jeito de dizer que não tinha marca de pancada e seguia o caminho natural [risos]. Se um de nós matou? Não sei. Que enterrou, eu sei que muita gente enterrou.

FERNANDO PRÓSPERO GARGAGLIONE
DE PINHO, detetive que apoiou centros
clandestinos de repressão na ditadura, em
entrevista ao jornal *O Dia*, 18 mar. 2001.

Por meio desses cursos de guerra contrarrevolucionária ministrados pelos militares estrangeiros chegou ao Brasil a inspiração teórica e prática para o modelo brasileiro de governo contrainsurgente. Mas foi a partir do início da década de 1970, particularmente no primeiro quinquênio, que o desaparecimento começou a predominar dentre as demais tecnologias de guerra. Segundo o relatório da CNV:

> Em 1971 ocorreram 22 casos de morte e 30 de desaparecimento forçado, tendência que se manteve até 1975. [...] Os anos que registram o maior número de casos de desaparecimento são 1973, com 54 vítimas, e 1974, com 53 casos. Nos anos seguintes, de 1975 a 1979, as principais organizações da esquerda armada estavam desarticuladas, e os órgãos repressores focaram sua ação no Partido Comunista Brasileiro, que, apesar de contrário à luta armada,[1] teve doze militantes desaparecidos entre 1974 e 1975. Os cinco últimos casos de desaparecimentos políticos ocorreram em 1980, e há ainda oito vítimas das quais não existe informação segura sobre o ano em que aconteceram os fatos.[2]

O que motivou o uso recorrente do desaparecimento forçado a partir desse momento foi menos a súbita irrupção do que Malhães, no depoimento à CNV com que se abre este capítulo, chamou de uma "guerra mesmo" – afinal, para o bloco empresarial-militar, nunca se tratou de outra coisa que não uma verdadeira guerra contrarrevolucionária – e mais a repercussão de denúncias sobre casos de tortura e execuções, que forçaram a modificação das práticas repressivas. Essa modificação foi sintetizada na bela expressão de Marcelo Godoy: "do teatro ao desaparecimento", isto é, das encenações policiais de auto de resistência seguido de morte, que mascaravam a execução sumária ou a morte sob tortura, para o silencioso desaparecimento dos que resistiam ao regime ditatorial. Segundo Godoy,

> Foi em 30 de novembro de 1973 a última vez em que os agentes simularam um confronto armado para tornar crível a morte de guerrilheiros que haviam sido presos, torturados e assassinados horas antes em um centro de detenção clandestina da investiga-

---

1   Essa posição não bastou para dissuadir as forças de repressão de que o PCB seria a fonte dos ideais revolucionários.

2   Comissão Nacional da Verdade, *Relatório*, v. 1. Brasília: Comissão Nacional da Verdade, 2014, p. 502.

ção. Depois deles, ninguém mais assassinado fora do DOI apareceu. O sumiço passou a ser a regra. Tudo virou segredo.[3]

A predominância do desaparecimento forçado sobre outras práticas repressivas também é verificada por presos políticos que, em 1975, assinaram a "Carta ao presidente do Conselho da Ordem dos Advogados do Brasil", documento que passou para a história sob o nome "Bagulhão":[4]

> O uso do expediente de procurar encobrir o assassinato de opositores ao regime com "tiroteios", "atropelamentos", "tentativas de fuga", "suicídios", predominou até o ano de 1973. Desde então preponderou a prática dos "desaparecimentos" de presos políticos [...]. Na verdade, os repetidos comunicados oficiais sobre a morte de presos políticos em "tiroteios" etc. não estavam sendo mais convincentes [...].[5]

Tratava-se de um processo semelhante ao ocorrido na Argentina, onde as práticas explícitas de execução também estavam sob a mira de diferentes setores da opinião pública e de organismos internacionais. De fato, nem a Igreja – que condenara Franco, em 1975, pela decisão de fuzilar membros do ETA[6] –, nem os governos europeus ocidentais, nem mesmo os Estados Unidos, que voltavam a ser governados por um democrata, Jimmy Carter, sustentavam, ao menos em suas inter-

---

3 Marcelo Godoy, *A casa da vovó: uma biografia do DOI-Codi (1969–1991), o centro de sequestro, tortura e morte da ditadura militar – Histórias, documentos e depoimentos inéditos dos agentes do regime*. São Paulo: Alameda, 2014, p. 391.

4 Comissão da Verdade do Estado de São Paulo "Rubens Paiva", *"Bagulhão": a voz dos presos políticos contra os torturadores*. São Paulo: Assembleia Legislativa do Estado de São Paulo, 2014.

5 Apud Comissão Nacional da Verdade. *Relatório*, v. 1, op. cit., p. 501.

6 Sigla para a organização nacionalista armada basca Euskadi Ta Askatasuna ("Pátria Basca e Liberdade"), que até 2018 lutou pela independência da região do País Basco. Durante a ditadura franquista, o ETA foi um importante grupo de oposição ao regime de exceção na Espanha.

venções midiáticas, que a guerra contra a subversão pudesse ser feita utilizando métodos ilegais. Daí o problema com que Videla se deparou assim que tomou o poder na Argentina:

> Suponhamos que eram 7 mil ou 8 mil as pessoas que deveriam morrer para ganharmos a guerra; não podíamos fuzilá-las. Como iríamos fuzilar toda essa gente? A justiça espanhola havia condenado à morte três membros do ETA, uma decisão que Franco apoiou apesar dos protestos de boa parte do mundo: só se pôde executar o primeiro, e isso porque era Franco, ainda que em uma Europa que estava girando para o socialismo. Também havia o rancor mundial que havia provocado a repressão de [o general Augusto] Pinochet no Chile [...].[7]

Entregar esses milhares de "inimigos internos" para a justiça comum também não era o caso, pois, tal como justificavam os militares franceses na Argélia, isso apenas sobrecarregaria os tribunais, que não trabalhariam no tempo exigido pela guerra. Além disso, na Argentina, os militares não confiavam na possibilidade de a justiça condenar guerrilheiros, pois, alguns anos antes do golpe de 1976, militantes condenados foram anistiados por um novo governo e, tão logo adquiriram a liberdade, vingaram-se daqueles que os julgaram, produzindo uma espécie de trauma no poder judiciário.[8] Então, como solucionar o problema dos guerrilheiros que não poderiam ser nem fuzilados nem entregues à justiça? Os militares argentinos optaram por sistematizar e generalizar uma prática já conhecida: o desaparecimento forçado.

Já no Brasil, o recurso às técnicas de desaparecimento fazia parte de um pacote mais amplo de medidas tomadas principalmente no início do governo Geisel (1974–1979) com o objetivo de institucionalizar o modelo político autoritário. Isso significava, dentre outras coisas, controlar a violência da

---

7   Jorge Rafael Videla apud Ceferino Reato, *Disposición final: la confesión de Videla sobre los desaparecidos*. Buenos Aires: Editorial Sudamericana, 2012, p. 44.

8   C. Reato, ibid., p. 44.

repressão, ou melhor, controlar sua publicização, para, então, garantir a legitimação do governo e um processo de liberalização política – ainda que não democrática, de médio e longo prazos – regido pela batuta dos que deram o golpe.[9]

A necessidade imperativa de "normalizar a exceção" exigia acalmar as tensões entre o governo ditatorial e setores influentes da sociedade, principalmente a Igreja Católica. As críticas eclesiásticas à ditadura tornaram-se ainda mais contundentes em 1973,[10] após o assassinato do estudante de geologia da Universidade de São Paulo (USP) Alexandre Vanucchi Leme, nas dependências do DOI-Codi, em São Paulo. Em sua memória, o arcebispo de São Paulo, dom Paulo Evaristo Arns, recém-nomeado cardeal, celebrou missa na catedral da Sé, no dia 30 de março de 1973, véspera das comemorações pelo aniversário dos nove anos do golpe. Além disso, em fevereiro de 1973, a Conferência Nacional dos Bispos do Brasil (CNBB) escolheu os 25 anos da Declaração Universal dos Direitos Humanos como tema de sua XIII Assembleia Geral.

Junto com a Igreja Católica, outras organizações passaram a se aproximar da causa dos direitos humanos, ampliando o coro dos críticos ao regime ditatorial. Tal é o caso da Ordem dos Advogados do Brasil (OAB), que assume claramente o lado da oposição à ditadura dedicando sua V Conferência Nacional, em 1974, ao tema "O advogado e os direitos do homem".

---

9 Segundo Napolitano, "O controle da direita militar e da repressão se insere na estratégia, sem dúvida, de preparar terreno para institucionalizar o regime, economizando a violência direta e abrindo novas possibilidades de legitimação institucional. A politização dessas forças do 'porão' se relaciona mais ao jogo sucessório do que a uma real força de pressão dos quartéis". Ver Marcos Napolitano, *1964: história do regime militar brasileiro*. São Paulo: Contexto, 2014, p. 235.

10 É importante lembrar, porém, que, antes da morte de Vanucchi Leme, "a repressão entrara em choque contra o clero diretamente, tanto no caso dos frades dominicanos presos e torturados durante a caçada a Marighella quanto no assassinato do padre Henrique Pereira Neto, assessor de dom Helder Câmara, arcebispo de Olinda e Recife e símbolo da Igreja progressista nos anos 1960 e 1970". Ibid., p. 244.

Tudo isso exigia outra economia do poder ditatorial para manter a guerra contrarrevolucionária: tornava-se premente invisibilizar sua face repressiva, ao mesmo tempo que se abriam canais de diálogo seletivo com a sociedade civil – isto é, sobre pautas determinadas e com grupos específicos. A distensão do regime rumo a uma "democracia relativa", nos termos de Geisel, não poderia prescindir de "instrumentos excepcionais" para a manutenção da ordem; estes, todavia, precisavam desaparecer juntamente com suas vítimas. O desaparecimento vai extrapolando sua função meramente técnica para se converter em uma racionalidade, em um modo de ser do governo em estado de contrarrevolução permanente.

É no interior dessa nova economia do poder que se consolida a montagem dos dispositivos de desaparecimento no Brasil. A respeito deles, é importante sublinhar uma vez mais que eles resultam não apenas da apropriação do ensino estrangeiro, que havia implementado e testado tecnologias de desaparecimento nas guerras coloniais, mas também de sua conjugação com estruturas de desaparição burocrática existentes no país desde longa data, como aquelas expostas nas já mencionadas pesquisas de Ferreira e Hattori et al. Trata-se, portanto, de uma ampla articulação institucional em torno do desaparecimento, que aparece claramente ao analisá-lo.

Essa análise tem sido bastante prejudicada em decorrência da dificuldade de acesso aos arquivos militares e do silêncio dos responsáveis pelo desaparecimento de pessoas. Dos poucos agentes de Estado que contribuíram para o esclarecimento de violações de direitos humanos ocorridas na ditadura brasileira, destacam-se três oficiais que detalharam em depoimentos alguns dos métodos e das técnicas utilizados para fazer desaparecer corpos na ditadura:[11] Cláudio Antônio Guerra, Marival Chaves e o já mencionado Paulo Malhães. Evidentemente, como pondera o próprio relatório da CNV, é

---

11 Comissão da Verdade do Estado de São Paulo "Rubens Paiva", *Relatório*, t. 1, parte 1: *a formação do grupo de antropologia forense para a identificação das ossadas da vala de Perus*. São Paulo: Assembleia Legislativa do Estado de São Paulo, 2015, p. 336.

necessário tomar suas declarações com cautela, pois podem se basear em estratégias de contrainformação,[12] mas isso não impede que se extraia delas material que contribua para o esclarecimento das formas de desaparecer utilizadas pelos agentes da ditadura.

A articulação institucional para a produção do desaparecimento tinha como principal eixo organizador o Exército, embora as outras armas também mantivessem seus próprios centros de repressão e de inteligência, como o Centro de Informações da Marinha (Cenimar) e o Centro de Informação e Segurança da Aeronáutica (Cisa). A pedra angular do sistema institucional responsável pelo desaparecimento foi a criação, em julho de 1969, da Operação Bandeirante (Oban). Essa agência de repressão, financiada por empresários, daqui e de alhures,[13] e firmemente apoiada por certos políticos paulistas, funcionava em São Paulo, nas dependências da 36ª Delegacia, localizada na rua Tutoia. O órgão possuía um estatuto particular, pois, ao mesmo tempo que respondia ao Centro de Informações do Exército (CIE), situava-se fora da hierarquia militar, gozando de certa autonomia para centralizar e coordenar ações conjuntas entre diferentes organismos de segurança. Em consequência dessa particularidade, a Oban estava ao mesmo tempo dentro e fora do ordenamento jurídico, o que permitia a seus agentes encobrir ações ilegais sob o manto do sigilo:

> Subordinada à 2ª Seção do Estado-maior das grandes unidades, essa célula repressiva era uma anomalia na estrutura militar convencional. Na originalidade e na autonomia, assemelhava-se ao dispositivo montado pelo general Massu em Argel.

---

12 Comissão Nacional da Verdade, *Relatório*, v. 1, op. cit., p. 518.

13 A colaboração do capital com a ditadura não se limitou à sustentação política ao golpe de 1964, mas alcançou também o bolso dos empresários patrocinadores da reestruturação da Polícia do Exército em São Paulo e da montagem do sistema repressivo na capital paulista. Sobre esse tema, citamos: Joana Monteleone et al., *À espera da verdade: empresários, juristas e elite transnacional, história de civis que fizeram a ditadura militar*. São Paulo: Alameda, 2016.

Num desvio doutrinário, essa unidade de centralização das atividades repressivas operava sob a coordenação do Centro de Informações do Exército, órgão do gabinete do ministro.[14]

A referência de Gaspari ao comandante militar de Argel, general Massu, não pode passar despercebida, pois explicita a presença do ensino francês no modelo de guerra contrar-revolucionária que os militares adotaram no Brasil e que se manteve como paradigma de governo nos anos seguintes. Em janeiro de 1957, o governo francês atribuiu a Massu poderes de polícia para coibir a ascensão dos movimentos pela independência da Argélia. Essa decisão foi interpretada pelos militares como uma passagem de bastão no governo da segurança na colônia em África. Dotados das atribuições policiais, os militares tinham uma vantagem: "o Exército está habilitado a exercê-las *fora de todo o quadro legal* [...]".[15] É nesse contexto que o general Pâris de la Bollardière pronuncia esta frase que voltamos a citar: "o Exército, pouco a pouco, conquistou um após o outro, todos os instrumentos do poder, aí compreendido o judiciário, e se tornou um verdadeiro Estado no Estado".[16]

No Brasil, a concentração dos poderes de segurança nas mãos do Exército, iniciada com a Operação Bandeirante, estabeleceu-se definitivamente em 1970, num documento assinado pelo então ministro Orlando Geisel, intitulado *Diretriz de Segurança Interna*, posteriormente consolidado por Médici por meio da criação do Sistema de Segurança Interna (Sissegin), que submetia todos os órgãos da administração pública nacional à coordenação do comando unificado da repressão política – bem entendido, ao Exército. Desse processo nascem, em 1970, com o propósito de aperfeiçoar e ampliar a atuação da Oban paulista para outras regiões do Brasil, os

---

14 Elio Gaspari, *A ditadura escancarada*. São Paulo: Companhia das Letras, 2002, pp. 60–1.

15 Marie-Monique Robin, *Escadrons de la mort, l'école française*. Paris: La Découverte, 2008, p. 95.

16 Ibid.

Destacamentos de Operações de Informações (DOI), que atuavam como organismos operacionais dos Centros de Operações de Defesa Interna (Codi). Assim, instalaram-se DOI-Codi em São Paulo, Rio de Janeiro, Recife, Brasília, Curitiba, Belo Horizonte, Salvador, Belém e Fortaleza.[17] Sobre o funcionamento desse órgão, afirma a CPI Perus:

> Em cada jurisdição territorial, os Codi detinham o comando efetivo sobre todos os organismos de segurança existentes na área, tanto das Forças Armadas como dos policiais estaduais e federais. [...] Tinham atribuição de garantir a coordenação e a execução do planejamento das medidas de "Defesa Interna", nos diversos escalões do Comando, e de viabilizar a ação conjugada da Marinha, Aeronáutica, SNI [Serviço Nacional de Informações], Polícia Federal, Polícia Civil e Polícia Militar. O comando das ações ficava a cargo dos DOI. Os DOI-Codi contavam com dotações orçamentárias regulares, o que permitia uma ação repressiva muito mais aparelhada.[18]

A criação dos DOI-Codi fomentou o aparecimento de centros secundários de repressão e informação a eles vinculados. Essa estrutura de cooperação funcionava em instalações oficiais formadas por delegacias, quartéis, presídios, auditorias militares, secretarias de segurança ou Departamentos de Ordem Política e Social (Dops), ligados à Polícia Civil.

A comissão parlamentar criada para investigar o caso da vala clandestina de Perus revelou que, em São Paulo, as prisões extrajudiciais e as informações extraídas – na maioria das vezes sob tortura – pelo DOI-Codi eram formalizadas, ganhando aspecto oficial no Departamento de Ordem Política e Social (Dops/SP), que, em 1975, passou a ser designado Departamento Estadual de Ordem Política e Social de São

---

17 E. Gaspari, *A ditadura escancarada*, op. cit., pp. 179–80.
18 Apud Secretaria de Direitos Humanos da Presidência da República, *Habeas corpus: que se apresente o corpo – A busca dos desaparecidos políticos no Brasil*. Brasília: Secretaria de Direitos Humanos, 2010, p. 106.

Paulo (Deops/SP). Embora também coubesse aos DOI-Codi prender e obter informações necessárias para o desmantelamento dos movimentos de oposição ao regime ditatorial, "era no Dops que os depoimentos obtidos no DOI-Codi eram oficializados e que, eventualmente, a prisão era assumida com a comunicação das autoridades judiciais e a suspensão da incomunicabilidade do preso".[19] O caráter oficial do Deops/SP não impediu que oito pessoas desaparecessem nesse local, entre 29 de junho de 1969 e 20 de outubro de 1973, de acordo com a CNV.[20]

Finalmente, na composição dessa organização institucional desaparecedora, encontram-se os centros clandestinos, os tais "equipamentos" a que se referia Malhães, ponto máximo do processo de invisibilização do próprio poder desaparecedor. Como ressalva Elio Gaspari[21] ao referir-se ao aparelho de Petrópolis, os centros não eram propriamente clandestinos, pois contavam com hierarquias definidas pelos comandos, turnos de trabalho, regulamentações; a diferença era que dispunham de maior autonomia em relação aos equipamentos ditos oficiais.

Essa autonomia conferia aos "equipamentos" uma existência sem lugar, verdadeiro espaço de exceção no qual os agentes da repressão decidiam sobre a aplicação da lei ou o abandono à morte. Uma listagem completa desses locais não é possível em razão do próprio estatuto de clandestinidade

---

19 CPI Perus apud Secretaria de Direitos Humanos da Presidência da República, ibid., p. 108.

20 Comissão Nacional da Verdade, *Relatório*, v. 1, op. cit., 2014, p. 549.

21 "Seria um erro chamá-la de clandestina. O comandante da PE [Polícia do Exército] sabia da sua existência. Em 1973, um general revelou a Geisel que havia outras instalações, no Alto da Boa Vista. Os 'doutores' que nela operavam cumpriam escalas de serviço do Centro, dentro da sua hierarquia e de acordo com seu comando. Era um dispositivo complementar aos DOIS. Estes, com todas as suas anomalias, vinculavam-se à rotina administrativa do Exército. Já o aparelho dispunha de uma autonomia outorgada pela chefia." Ver E. Gaspari, *A ditadura escancarada*, op. cit., pp. 378–79.

que os caracterizava; ainda assim, vale mencionar alguns deles para revelar a disseminação desses centros em várias regiões do país: no estado do Rio de Janeiro, existiram a Casa da Morte ou Casa de Petrópolis, e, na capital, a Casa de São Conrado e instalações no Alto da Boa Vista; no estado de São Paulo, citam-se a Fazenda 31 de Março de 1964, na região de Parelheiros, e a casa no bairro do Ipiranga, ambas na capital, além de uma casa na cidade de Itapevi; em outros estados, há a Casa dos Horrores, nos arredores de Fortaleza (CE), a Fazendinha, em Alagoinhas (BA), o Colégio Militar, em Belo Horizonte (MG), o subsolo do SNI, em Recife (PE), o centro de tortura, em Olinda (PE), a "Dopinha", em Porto Alegre (RS), a Clínica Marumbi, em Curitiba (PR), as Granjas do Terror, em Campina Grande (PB), a Casa Azul, em Marabá (PA).[22]

Sobre as técnicas usadas para o desaparecimento de corpos nesses locais, voltemos às declarações dos militares. O ex-coronel Paulo Malhães, em depoimento à Comissão Nacional da Verdade, confessa que os corpos de presos na Casa da Morte de Petrópolis eram descaracterizados e, depois, jogados em rios para que desaparecessem.

> Paulo Malhães comentou as fases da ocultação dos cadáveres, iniciada com a descaracterização das vítimas. Segundo ele, a arcada dentária e as pontas dos dedos eram retiradas e o ventre era cortado para impedir que a produção de fezes durante a decomposição fizesse o corpo boiar. [...] Em seguida, eram colocados em sacos impermeáveis com pedras e lançados em um rio que, no caso de Rubens Paiva,[23] estaria localizado na região serrana do Rio de Janeiro. Segundo disse, havia um "estudo de anatomia" que levava em conta o inchaço dos corpos para estabelecer o peso que teria de ser acrescentado ao

---

22 Para uma descrição de cada um desses equipamentos, remeto o leitor ao livro *Habeas corpus: que se apresente o corpo*, op. cit., pp. 110–11, e ao relatório da CNV, op. cit., pp. 792–829.

23 Sobre o caso Rubens Paiva, remetemos o leitor ao último volume do relatório da Comissão Nacional da Verdade, v. 3. Brasília: Comissão Nacional da Verdade, 2014, pp. 519–28.

saco, para que o corpo não viesse à tona, fosse desviado para as margens ou depositado no fundo do rio, e seguisse a correnteza e desaparecesse.[24]

Técnicas semelhantes teriam sido empregadas, segundo o mesmo depoente, por ocasião da chamada "Operação Limpeza", que buscou apagar os vestígios do extermínio dos militantes que atuavam na região do Araguaia.[25] Também nesse caso, após a exumação dos corpos e sua descaracterização – que consistia, de acordo com Malhães, em quebrar os dentes e retirar as impressões digitais dos dedos –, os cadáveres foram colocados em sacos e lançados no rio Araguaia.

Outra técnica de desaparecimento utilizada pela ditadura foi exposta por Cláudio Antônio Guerra, ex-delegado da Polícia Civil do Estado do Espírito Santo,[26] em depoimento à Comissão Nacional da Verdade. Guerra teria levado corpos de desaparecidos da ditadura, executados ou na Casa da Morte de Petrópolis ou no quartel da Polícia do Exército, localizado na rua Barão de Mesquita,[27] na capital carioca, para serem incinerados no forno da usina Cambahyba, no município de Campos de Goytacazes (RJ), de propriedade do ex-vice-governador do Rio de Janeiro Eli Ribeiro Gomes. A prática da incineração, de acordo com o depoente, teria começado a partir de 1974 ou 1975:

> [...] Nesse período aí, 1974, 1975, na mudança da política americana, começou uma pressão muito grande em cima daqui do governo por causa do desaparecimento de corpos. Preci-

---

24 Id., *Relatório*, v. 1, op. cit., p. 519.

25 A respeito da guerrilha do Araguaia, há vasta bibliografia. Recomendamos: ibid., v. 1., pp. 679–725; Leonêncio Nossa, *Mata! O major Curió e as guerrilhas no Araguaia*. São Paulo: Companhia das Letras, 2012; Thaís Morais e Eumano Silva, *Operação Araguaia: os arquivos secretos da guerrilha*. São Paulo: Geração, 2005.

26 No depoimento à CNV, Guerra reafirma denúncias já feitas aos jornalistas Rogério Medeiros e Marcelo Netto em *Memórias de uma guerra suja*. Rio de Janeiro: Topbooks, 2012.

27 Nesse quartel, foi instalado o DOI-Codi do Rio de Janeiro.

sava. Os coronéis que estavam no comando do país [...]. Eles eram os coronéis. Queriam um meio de desaparecer mesmo. Então foi dada essa ideia de se incinerar os corpos porque aquilo: "Ah, cortou em pedaços, jogou em tal lugar". Houve essas práticas. Não estou dizendo que não houve, houve. Agora, de 1975 para cá foi mudado o sistema. Era incinerado.[28]

Ainda sobre as técnicas de desaparecimento, o ex-sargento Marival Chaves, também em depoimento à CNV, afirma que o esquartejamento dos corpos com dispersão de suas partes teria sido bastante utilizado pelos agentes da ditadura, inclusive na Casa da Morte de Petrópolis:

> Marival Chaves Dias do Canto: Porque quando eu falo de esquartejamento [...]. E aí quem me falou foi uma pessoa que já passou por aqui e que nada falou [...]. Que eu sei que nada falou, que é o senhor Magno, ou Magro, como é o nome dele, meu Deus? Que era um dos carcereiros da Casa de Petrópolis, não vem ao caso agora, eu não estou me recordando do nome, mas eu já falei muito sobre ele. Por isso, o que eu estou dizendo agora corrobora exatamente com o meu depoimento lá atrás. O cadáver para ser desaparecido, não é? Segundo esse nosso amigo aí. Eles, inclusive, ele e mais dois outros, um chamado Pardal e outro chamado [...]. Fugiu o nome dele outra vez. Eles discutiam entre si quantas partes daria aquele cadáver.
> CNV: Como se fosse um açougue?
> Marival Chaves Dias do Canto: Como se fosse um açougue. Porque o corpo era completamente retalhado.[29]

Uma das especificidades da ditadura brasileira foi complementar essas técnicas, desenvolvidas no contexto das guerras coloniais, com processos de desaparecimento que já transcorriam com frequência em organismos oficialmente responsáveis pela gestão da morte, envolvendo milhares de pessoas sem qualquer militância política, como testemunha o caso da

---

28 Comissão Nacional da Verdade, *Relatório*, v. 1, op. cit., p. 520.
29 Ibid., p. 522.

vala clandestina de Perus. Assim, são recorrentes no período ditatorial situações nas quais ocorre

> o sepultamento deliberado de militantes em valas clandestinas, como indigentes, por vezes com identificação, ou ainda com indicação errada de localização. Por vezes, há informações ou indicações sobre a sepultura, mas a localização é dificultada, seja porque os corpos foram levados para valas comuns, seja porque foram feitas modificações nas plantas dos cemitérios.[30]

A esse respeito, muitos casos poderiam ser lembrados. Fiquemos com um deles, que, não por contingência, liga-se ao cemitério de Perus: o de Gelson Reicher e Alex de Paula Xavier Pereira, ambos militantes da Ação Libertadora Nacional (ALN). Eles foram executados por agentes da repressão em 1972. Porém, a polícia divulgou à imprensa que se tratava de morte decorrente de resistência à prisão, uma versão até recentemente mantida pelas Forças Armadas. Os laudos dos exames necroscópicos, que têm como um dos signatários o médico-legista Isaac Abramovitc,[31] corroboram essa versão, desconsiderando que os cadáveres apresentavam padrões de ferimento compatíveis com situações de execução – como recentemente apontou a equipe pericial da CNV, as feridas na face e no esterno indicam que os atiradores se situavam em plano superior ao que Alex estava posicionado. Além disso, os laudos foram lavrados com os nomes falsos Emiliano Sessa e João Maria de Freitas, respectivamente, com os quais os dois militantes foram encaminhados para sepultamento como "indigentes" no cemitério Dom Bosco. Outra peça no mecanismo de desaparecimento de Gelson e Alex: a 2ª Auditoria Militar recebeu ofício do Dops/SP que comunicava a morte dos militantes e informava que os óbitos haviam sido lavrados

---

30 Ibid., p. 502.
31 Em depoimento à CPI de Perus, Abramovitc confirmou "que assumiu o compromisso de colaborar sem restrição com os órgãos de repressão política". Ibid., p. 513.

com aqueles nomes falsos. Mesmo de posse de documentos ilegais e ciente da adulteração das informações, o juiz auditor Nelson da Silva Machado Guimarães apenas declarou a extinção de punibilidade em relação a Gelson e Alex, sem, contudo, notificar a família, determinar a retificação dos documentos ou proceder com o indiciamento dos envolvidos.[32]

Esse caso revela também o papel determinante do serviço funerário no processo de desaparecimento dos corpos dos militantes.[33] Segundo apurou a Comissão Municipal da Verdade da Prefeitura Municipal de São Paulo (CMV/PMSP),

> há evidências irrefutáveis da cooperação da administração municipal, responsável legal pelos serviços funerários do município de São Paulo, com os órgãos da repressão, funcionários do IML, médicos-legistas, oficiais do DOI-Codi e policiais civis e militares com o propósito de sonegar informações sobre os opositores políticos e desaparecer com os corpos enterrados nos cemitérios paulistanos.[34]

---

32 "Em depoimento à CNV em 31 de julho de 2014, o juiz Nelson da Silva Machado Guimarães reconheceu que recebia atestados de óbito com nomes falsos de militantes políticos que estavam sendo processados à revelia e que, com bases neles, determinava a extinção da punibilidade por morte. O juiz admitiu que não ordenava a retificação dos atestados para corrigir a identificação das vítimas e tampouco prestava informações às famílias que, àquela altura, estavam à procura de seus parentes". Ibid., p. 506.

33 "Lei Orgânica dos Municípios, de 1965, confirmou como atribuição do município dispor sobre o serviço funerário e cemitérios, encarregando-se da administração daqueles que fossem públicos e fiscalizando os pertencentes a associações religiosas. Até 1976, os cemitérios eram diretamente subordinados à Prefeitura de São Paulo, quando foram então transferidos para a responsabilidade do Serviço Funerário do Município". Ver Comissão da Memória e Verdade da Prefeitura de São Paulo, *Relatório*. São Paulo: Secretaria de Direitos Humanos e Cidadania da Prefeitura Municipal de São Paulo, 2016, p. 43.

34 Ibid., p. 143.

Na capital paulista, três cemitérios foram usados para desaparecer cadáveres de opositores políticos: o já referido cemitério Dom Bosco, em Perus, o cemitério de Vila Formosa e o cemitério de Campo Grande. Neles, informa a CMV/PMSP, entre 1969 e 1976, foram sepultados como desconhecidos 47 cadáveres de militantes, isto é, quase 60% do total de inumações de opositores da ditadura realizadas na capital paulista.[35] Tal cifra expõe a frequência do ocultamento de cadáveres como técnica de desaparecimento privilegiada pela repressão.

O mesmo aconteceu em outras regiões do Brasil, principalmente nos estados do Rio de Janeiro e de Pernambuco. O livro *Habeas corpus: que se apresente o corpo* dá ideia da magnitude dessa prática no país ao apresentar a lista de cemitérios utilizados pela repressão, com o apoio dos IML e dos serviços funerários, para o desaparecimento de corpos: no estado de São Paulo, além dos citados cemitérios da capital, foram usados o cemitério do distrito de Parelheiros e o cemitério de Areia Branca, em Santos; no estado do Rio de Janeiro, são elencados os cemitérios de Ricardo de Albuquerque, de Santa Cruz, São Francisco Xavier (no Caju), de Inhaúma, da Cacuia (na Ilha do Governador), todos na capital, além dos cemitérios de Petrópolis e Itaipava, ambos no município de Petrópolis; no estado de Pernambuco, os cemitérios de Santo Amaro e da Várzea, ambos em Recife, e o cemitério Dom Bosco, em Caruaru; no estado de Tocantins, então parte do estado de Goiás, os cemitérios de Natividade, de Guaraí e de Paraíso do Tocantins; no estado de Minas Gerais, o cemitério Municipal de Juiz de Fora.[36]

---

35 Segundo a CMV/PMSP, 79 corpos de militantes políticos vítimas da ditadura foram sepultados no município de São Paulo. Ibid., p. 141.

36 Secretaria de Direitos Humanos da Presidência da República, *Habeas corpus*, op. cit., pp. 129–33.

O governo dos mortos

No caso de São Paulo, é interessante sublinhar que a maior parte dos sepultamentos de presos políticos como cadáveres não identificados ocorreu entre 1969 e 1973,[37] portanto antes do período em que o desaparecimento forçado se tornou predominante nas mãos da repressão brasileira. Dessa incongruência de datas, duas hipóteses podem ser aventadas.

Primeiramente, se a análise se concentra nas práticas de desaparecimento, é possível constatar que nem sempre os organismos subordinados se orientam pelos centros de tomada de decisão, como se o fluxo do poder escoasse em um único sentido das instâncias hierarquicamente superiores para as inferiores. De fato, não podemos desconsiderar que os organismos de repressão, em razão da autonomia administrativa e decisória de que gozavam, podiam estabelecer procedimentos locais, alguns dos quais, por diferentes vias, acabavam se generalizando ao ser confirmados pelas instâncias de chefia. Esses poderes suboficiais, micropoderes improvisadores e descentralizados, espalhados por diferentes instituições da repressão, eram certamente corresponsáveis pela montagem dos dispositivos desaparecedores.

---

37 Os dados são do relatório da CMV/PMSP: "Segundo documentos levantados por esta Comissão, em 1968 foram enterrados em São Paulo três militantes políticos, todos em cerimônias realizadas pela família. No ano seguinte, dos dez sepultados nos cemitérios municipais, quatro foram declarados indigentes. Em 1970, dos onze opositores do regime enterrados em São Paulo, nove foram sepultados clandestinamente no cemitério de Vila Formosa. O padrão seguiu o mesmo em 1971, com onze militantes sepultados como indigentes entre os quinze registrados nos livros dos cemitérios. Em 1972, o ano com maior número de enterros de opositores políticos registrados no município, treze dos vinte foram declarados indigentes. Outras oito vítimas foram enterradas com nome falso ou como desconhecidos no ano seguinte, entre os doze sepultamentos registrados em 1973. [...] Entre novembro de 1973 e agosto de 1975, não houve registros de sepultamentos nos cemitérios paulistanos [...]". Ver Comissão da Memória e Verdade da Prefeitura de São Paulo, *Relatório*, op. cit., p. 150.

Em segundo lugar, podemos supor que, após o sepultamento daqueles cadáveres, um segundo processo desaparecedor tenha incidido sobre o primeiro, levando à criação da vala clandestina, em 1976, no cemitério Dom Bosco e, na mesma época, ao replanejamento do cemitério de Vila Formosa, que era utilizado para inumação dos corpos dos militantes até 1971, quando foi inaugurada a necrópole de Perus. A simultaneidade com que se deram esses dois procedimentos levou o Ministério Público Federal da 3ª Região, em relatório datado de 10 de setembro de 2010 e assinado pelos procuradores da República Eugênia Augusta Gonzaga e Marlon Alberto Weichert, a concluir que se tratava de "ação coordenada, planejada para promover a ocultação dos corpos".[38] Sobre as alterações realizadas no cemitério de Vila Formosa, o relatório do Ministério Público Federal descreve-as em detalhes:

> Tais alterações foram realizadas sem qualquer projeto formal, registro ou cautela em preservar a possibilidade de futura localização de sepulturas. Ruas foram alargadas e árvores plantadas. Toda a área em que está situada a antiga quadra 11, que acabou ficando conhecida como a quadra dos "terroristas", foi descaracterizada. [...] Dessa maneira, a antiga quadra 11 desapareceu e as quadras próximas, que também sofreram alterações, foram renumeradas. Não há registros de exumação para que os novos traçados e alargamento das ruas fossem feitos, sendo que o mais provável é que as ruas tenham sido abertas com a violação das sepulturas pela passagem do maquinário pesado. O mesmo ocorreu com os corpos enterrados no local onde as árvores foram plantadas. [...] Foi também criada uma vala ou ossário clandestino naquele cemitério, visto que não há registro nos livros próprios, e utilizado em meados da década de 70, o qual pode ter sido utilizado como destino das ossadas exumadas por ocasião das alterações acima mencionadas [...].[39]

---

38 Comissão Nacional da Verdade, *Relatório*, v. 1, op. cit., p. 509.
39 Secretaria de Direitos Humanos da Presidência da República, *Habeas corpus*, op. cit., pp. 128–29; Comissão Nacional da Verdade, *Relatório*, v. 1, op. cit., p. 508–09.

Dado o vínculo administrativo do Serviço Funerário com o governo municipal, o replanejamento da área do cemitério de Vila Formosa não ocorreria se a Prefeitura Municipal de São Paulo não tivesse de alguma forma autorizado as intervenções na área. Trata-se de mais um exemplo da articulação profunda entre diferentes níveis de governo, organismos e agentes da repressão com o objetivo de desaparecer uma segunda vez com aqueles que já estavam desaparecidos.

No entanto, apesar de não haver registro de inumações de militantes políticos nos cemitérios de São Paulo entre novembro de 1973 e agosto de 1975, a entrada de corpos desconhecidos no cemitério de Perus não cessou. Dados apresentados no relatório da Comissão Estadual da Verdade da Assembleia Legislativa de São Paulo mostram que quase 5 mil cadáveres identificados como "desconhecidos" foram enterrados no cemitério Dom Bosco entre março de 1971, quando se realizou o primeiro sepultamento na necrópole, e o ano de 1980.[40] A maior parte desses mortos foi registrada nos livros de sepultamento do cemitério em 1972 e entre 1974 e 1976. Assim, mesmo que os mecanismos de gestão da morte não estivessem sepultando desaparecidos políticos nesses anos, muitas outras pessoas foram capturadas pelo dispositivo de desaparecimento, convertendo-se em corpos não identificados.

Se o baixo número de desaparecidos políticos refutaria, para alguns, a existência de um poder desaparecedor no país, que sirva de contraprova o fato de que mais de 550 cadáveres desconhecidos foram sepultados por ano, no período de nove anos, *em um único cemitério* do município de São Paulo.

A colaboração articulada para a produção do desaparecimento abarcava, também, o não cumprimento de procedimentos técnicos e normativas emanados do próprio poder público.[41] Exemplos desse tipo de irregularidade são encontrados em diversos processos de exumação, como revela o

---

40 Comissão da Verdade do Estado de São Paulo "Rubens Paiva", *Relatório*, op. cit., p. 13.
41 Comissão da Memória e Verdade da Prefeitura de São Paulo, *Relatório*, op. cit., pp. 167–82.

relatório final da CMV/PMSP.[42] Em 1971, a Lei Municipal 7.656 alterou de cinco para três anos a concessão de sepultura para adultos, período após o qual os restos mortais precisavam ser removidos, abrindo espaço para outro cadáver.[43] Os despojos não reclamados por familiares deveriam ser reinumados na mesma sepultura, alguns palmos abaixo, com os respectivos registros. Contudo, isso não aconteceu nas exumações maciças no cemitério Dom Bosco; ao contrário, como falamos, se há registro da data de exumação, não existem informações relativas à data e ao local de reinumação. A partir das investigações realizadas por diferentes Comissões da Verdade, sabemos que os restos mortais exumados foram removidos para a sala do velório, onde permaneceram abandonados por meses até serem depositados na vala clandestina.

Nos IML, procedimentos "especiais" também eram adotados para minimizar ruídos que pudessem interferir no sucesso do desaparecimento. Segundo afirma a CNV,

> havia orientação para que as fotos da necropsia não fossem esclarecedoras. Segundo Josué Teixeira dos Santos, administrador do necrotério, exigência vinda do comando da Oban e, depois, do DOI-Codi/SP determinava que apenas a cabeça da vítima deveria ser fotografada. Ele relatou, inclusive, que foi repreendido quando fotografou um "terrorista" mostrando também o tórax. Além disso, o tratamento dado a presos políticos incluía menor tempo na geladeira, para que os corpos fossem liberados mais rapidamente, descumprindo o procedimento padrão de manter o corpo por três dias no IML, à espera de familiares. O trabalho de legistas de confiança da repressão

---

42 Ibid., pp. 167–74.

43 Segundo o relatório da CMV/PMSP, essa lei tinha como justificativa "a necessidade de liberar espaço para novos sepultamentos, ainda que as notícias veiculadas na imprensa apontassem que tal déficit não existia na cidade depois da inauguração dos cemitérios de Perus, Vila Nova Cachoeirinha e São Pedro. A mudança na legislação permitiu que, entre 1975 e 1976, ocorressem grandes exumações de indigentes sepultados em Perus nos anos de 1971 e 1972". Ibid., pp. 170–71.

garantia a tomada de uma série de precauções para impedir a localização dos corpos e a apuração do ocorrido.[44]

Além disso, o trabalho investigativo de diversas Comissões da Verdade comprovou uma denúncia de longa data dos movimentos de familiares e de ex-presos políticos, bem como de organizações de direitos humanos: os IML colaboraram com os processos de desaparecimento por meio da validação de versões falsas sobre a execução de militantes e da emissão de laudos necroscópicos ou certidões de óbito fraudulentas, com adulteração do nome da vítima, modificação da *causa mortis* e omissão de informações sobre as condições do óbito. Em seu relatório final, a CNV indica 49 médicos-legistas como autores diretos ou cúmplices de condutas que resultaram em graves violações de direitos humanos.[45]

Até mesmo os sepultamentos dos corpos de militantes entregues aos familiares eram monitorados pelos órgãos da repressão. A CMV/PSMP relata a presença ostensiva de agentes de Estado durante os velórios e sepultamentos, intimidando parentes e amigos do falecido. Vê-se, assim, que o poder incidia claramente nos processos fúnebres. Nos arquivos do Deops/SP, os pesquisadores da Comissão Municipal da Verdade de São Paulo encontraram documentos que atestam essa prática, tal como este, datado de 1972:

> Dando cumprimento a determinação do Senhor Delegado Titular de Ordem Política no sentido de acompanhar o féretro do terrorista Alexandre José Ibsem Veronese [sic] que se encontrava no Instituto Médico Legal, para o cemitério da Paz, no Bairro do Ferreira, Vila Sônia, temos a informar o seguinte:
>
> Nos deslocamos ao Instituto Médico Legal por volta das 7,30 horas, e, no velório oficial deste referido instituto encontravam-se velando o corpo do referido terrorista, mais de 50 pessoas. O cortejo fúnebre, saiu do velório às 8,10 horas, compondo-se de 12 veículos e umas 40 pessoas mais ou menos.

---

44 Comissão Nacional da Verdade, *Relatório*, v. 1, op. cit., p. 513.
45 Ibid., pp. 873–931.

Chegamos ao cemitério às 8,50 horas quando se deu o sepultamento, o mesmo foi feito na Quadra 68, sepultura 28 conforme cartão anexo fornecido pela administração do mesmo. Não sendo constatado por nós qualquer irregularidade digna de nota. Não houve o comparecimento de repórteres e nem mesmo o caixão foi aberto durante o período de nossa permanência no velório e no sepultamento.[46]

Por isso, é importante insistir que os desaparecimentos ocorridos na e pela ditadura brasileira dependeram da articulação direta ou indireta de rotinas burocráticas, normativas, trânsitos judiciais, instituições diversas (destacamentos policiais, quartéis, cemitérios, hospitais, institutos médico-legais etc.), gestão de fluxos cadavéricos e dos papéis gerados em cada uma das suas etapas.

A existência de uma rede de práticas, discursos e atores responsáveis pelo desaparecimento é atestada pelo testemunho dos sobreviventes. Em depoimento prestado à Comissão da Verdade da Assembleia Legislativa de São Paulo "Rubens Paiva", a militante da ALN Iara Xavier Pereira, irmã de Alex e Iuri Xavier Pereira e ex-companheira de Arnaldo Cardoso Rocha – todos os três executados pela repressão – é precisa quanto à articulação entre os órgãos:

> Então nós vemos que a operação que eles tinham era do DOI, operação, busca, captura, morte; passava pela conivência do IML; passava, pra mim, pela conivência do cartório, do 20º Cartório aqui do Jardim América, onde mais de 90% dos atestados de óbito, sejam falsos, sejam os verdadeiros, foram lavrados; passavam pela conivência dos médicos legistas, adulterando os laudos de necropsia, aos declarantes de óbito, e chegavam na Justiça, na máquina perfeita e montada para esconder crimes.[47]

---

46 Documento da Delegacia Especializada de Ordem Política, 1 mar. 1972, investigações nº 069 apud Comissão da Memória e Verdade da Prefeitura de São Paulo, *Relatório*, op. cit., p. 147.

47 Comissão Nacional da Verdade, *Relatório*, v. 1, op. cit., p. 507.

Como temos insistido, a montagem dos mecanismos de desaparecimento na ditadura brasileira resultou do acoplamento da tecnologia do desaparecimento, desenvolvida principalmente nas guerras coloniais francesas, com o desaparecimento administrativo, que funcionava desde antes do golpe de 1964, produzindo corpos anônimos e sepultando nas valas coletivas, não raramente clandestinas, os desconhecidos da sociedade. O regime ditatorial no Brasil aperfeiçoou, incorporou e sistematizou essas rotinas burocráticas geradoras de desaparecimento, incluindo-as na estrutura responsável por coordenar a gestão da segurança e da repressão política no âmbito da guerra contrarrevolucionária. Tratava-se de uma saída perfeita, uma vez que conferia aos atos de exceção a aparência requerida de oficialidade e normalidade decorrente da emissão de documentos, da realização de perícias sob a chancela da Polícia Civil e do sepultamento em áreas específicas nos cemitérios.

Vimos que a ditadura também usou técnicas de desaparecimento que prescindiam da mediação das rotinas burocráticas, tais como a incineração dos corpos ou o lançamento dos cadáveres descaracterizados em rios e mares. A partir da articulação realizada pela ditadura entre desaparecimento administrativo, desaparecimento forçado e as teorias das guerras contrarrevolucionárias, é possível ampliar o conhecimento que temos construído sobre os dispositivos necrogovernamentais. A necrogovernamentalidade se ocupa de governar a morte em seus mais ínfimos detalhes, desde o recolhimento dos corpos, passando pela produção institucional do morto, com seus registros e atestados, até o sepultamento do cadáver. No curso dessa trajetória burocrático-institucional, o poder intervém sobre os corpos para, de um lado, produzir cadáveres desconhecidos, não identificados, e, de outro lado, tornar a si mesmo anônimo, invisível, desaparecido. Mas a gestão dos mortos que serão reconhecidos ou não envolve outra dimensão, que também se manifesta na análise dos mecanismos sistematizados pela ditadura: lembremo-nos da maneira como o Deops/SP, por exemplo, incumbia-se de monitorar as cerimônias públicas do luto para se certificar de que nenhum risco à segurança se produziria, ou então da colaboração de médicos-legistas e tabeliões para que os nomes verdadeiros dos executados fossem substituídos por outros, de forma que eles dificilmente pudessem ser rememorados. Gestão dos corpos mortos, mas também gestão do luto e da melancolia dos vivos.

Há uma população de mortos que existe longe de nossos olhos, nos necrotérios de hospitais e nos IML, nas salas de necropsia, nos anatômicos das faculdades de Saúde, nos cemitérios. Essa população é objeto de um conjunto de micropoderes necrogovernamentais que a hierarquizam e classificam – pois há mortos mais importantes que outros –, desenham seus fluxos – alguns são entregues à família para que esta proceda a seu sepultamento, enquanto outros são direcionados aos anatômicos universitários ou aos cemitérios de massa –, operam distinções de tratamento – para alguns mortos, os exames periciais ocorrem com um zelo jamais visto em outros casos –, definem registros burocráticos e formas de administração dos afetos dos viventes a partir da decisão política sobre a possibilidade de fazer o luto dos mortos.

[4] COM QUAIS MORTOS SE FAZ UMA NAÇÃO?

Gestão política do luto e da melancolia

> [...] *eu sei qual é o resultado de abaixar a cabeça, de se amedrontar, de desistir, de acreditar que este não é o seu lugar, que isso não é para você. Você sabe qual é o resultado disso? É a tristeza, é o nada*
>
> CIDA, em *M-8 – Quando a morte socorre a vida*, de Jeferson De.

Com esse desabafo, a auxiliar de enfermagem Cida confrontava seu filho, Maurício, jovem negro, estudante do primeiro ano de graduação em Medicina, que estava prestes a decidir abandonar a faculdade. No dia dessa conversa, Maurício mais uma vez faltara às aulas para ficar em casa, recluso em seu quarto, sem vontade de fazer nada. O estudante caíra nesse estado após sucessivos acontecimentos que contribuíam para tornar consistente sua identificação com o cadáver M-8, mais um corpo negro convertido em peça de um anatômico universitário.

Nada se sabe a respeito de quem fora M-8 em vida: ele não tem nome nem endereço, documentos, história. "Ah, é indigente!", anuncia a secretária da universidade após consultar a documentação do cadáver, como se constatasse uma qualidade natural do morto, capaz de explicar a inexistência de informações a respeito de M-8. Aos poucos, Maurício vai se dando conta de que, além da letra inicial do nome, outros traços o ligam a M-8: a negritude, o terreiro de candomblé, a violência policial, o racismo estrutural, a invisibilidade social, a pobreza, a indiferença das instituições, a vida no limiar da morte. Em sonhos recorrentes, Maurício se vê ocupando o lugar de M-8 no tanque de formol. "Às vezes, eu me pergunto se não tenho mais a ver com estes corpos do que com os meus colegas de turma", confessa Maurício aos funcionários do anatômico, que, além da secretária, do próprio estudante e dos cadáveres, são os únicos negros que circulam pela Faculdade de Medicina.

O que Cida sabe é que o racismo não apenas mata como faz com que os vivos se identifiquem como já mortos. Em outras palavras, Cida sabe que o poder melancoliza para governar. A identificação de Maurício com M-8 duplica a identificação melancólica do sujeito com a perda, com o nada. Para se chegar até esse efeito maior da necrogovernamentalidade, tomaremos, uma vez mais, os dispositivos de desaparecimento como paradigma de compreensão das transformações subjetivas operadas pelo governo dos mortos e da morte. Primeiramente, mostraremos como tais dispositivos produzem dessubjetivações, no sentido de que, desde o primeiro momento, quando as vidas são neles capturadas, uma série de mecanismos leva à progressiva perda dos referenciais espaçotemporais, da identidade, dos princípios de organização do comportamento, até culminar com a produção do cadáver desconhecido. Na segunda parte, veremos que a necrogovernamentalidade, ao gerir os corpos, gere as subjetividades, definindo quais mortes poderão ser pranteadas na sociedade e quais desaparecerão sem deixar qualquer rastro. Essa distribuição diferencial do luto tem ainda outra função: induzir a generalização de formas melancolizadas de subjetividade, por meio das quais o poder encontra modos mais sutis e efetivos de dominação.

Dos mortos-vivos aos cadáveres desconhecidos

Os desaparecimentos forçados não foram fenômenos contingentes, casuais. Eles constituíram uma arma essencial das guerras contrarrevolucionárias, cujo objetivo era ocultar dissidentes políticos, dissimular a execução sumária e, também, conquistar a adesão da população por meio da gestão de seus afetos.

Como temos reafirmado, os dispositivos de desaparecimento levam a invisibilização de si mesmos às últimas consequências: se as tecnologias disciplinares biopolíticas exibiam-se tanto nas instituições em que operavam quanto, e sobretudo, em seus efeitos sobre os corpos, sobre seus movimentos, ritmos e gestos, os dispositivos desaparecedores, ao contrário, buscarão alcançar uma dupla ausência: deles mesmos e de seus efeitos.

Por isso, os centros clandestinos de detenção, tortura e extermínio, presentes em todas as ditaduras latino-americanas, aos quais podemos acrescentar as sepulturas clandestinas, individuais ou coletivas, existiam "no discurso social da época da ditadura – quando muito – só na forma de um 'espaço em branco', de 'segredo lúgubre' ou de 'buraco negro'".[1]

A invisibilização do poder está associada, também, à despersonalização dos processos de desaparição. No caso do desaparecimento administrativo, vimos que a produção do cadáver não identificado, nos IML de São Paulo e do Rio de Janeiro, dependia tanto da fragmentação das rotinas de gestão de cadáveres quanto da própria estrutura burocrática dos órgãos, que tornava possível a diluição da responsabilidade ao longo das muitas tarefas que envolviam os processos administrativos da morte.[2] Algo muito semelhante encontra-se nos centros clan-

---

1 Christian Dürr, *El dispositivo de la desaparición: el sistema del terror y su elaboración en las narrativas de sobrevivientes de los CCDTyE argentinos*. Temperley: Tren em Movimiento, 2017, p. 8.
2 Letícia C. M. Ferreira, *Dos autos da cova rasa: identificação de corpos não identificados no Instituto Médico-Legal do Rio de Janeiro, 1942–1960*. Rio de Janeiro: e-papers/Laced-Museu Nacional, 2009, p. 142.

destinos de detenção e desaparecimento, como reconhece a cientista política argentina e ativista Pilar Calveiro:

> Tudo assumia a aparência de um procedimento burocrático: informação que é recebida, processada e reciclada; formulários que indicam o que foi realizado; prontuários que registram nomes e números; ordens recebidas e cumpridas; ações autorizadas pelo comando superior; turnos de guarda "24 por 48"; voos noturnos ordenados por algum superior, sem nome nem sobrenome. Tudo era impessoal, a vítima e o algoz, as ordens verbais, "pacotes" recebidos e entregues, "cargas" lançadas ou enterradas.[3]

À diferença do que se passava nos grandes espetáculos de suplício, nos quais os corpos dos condenados eram marcados, mutilados, mortos por algozes que atuavam em nome do soberano, os esforços para tornar o poder anônimo alcançaram uma de suas formas mais extremas na tentativa de despersonalizar o momento mesmo de execução: transformados em coisas, os presos poderiam ser lançados como dejetos em rios e oceanos.

Em uma entrevista recolhida por Pilar Calveiro, Raúl David Vilariño, que atuou em um dos maiores centros de tortura e extermínio da ditadura argentina, a Escola de Mecânica da Armada (Esma), confirma a distribuição do trabalho nos dispositivos de desaparecimento:

> — Quando vocês entregavam as pessoas à chefia do grupo de tarefas, o que acontecia?
> — Bom, isso era parte de *outro grupo*.
> — Que outro grupo?
> — O Grupo de Tarefas estava dividido em dois subgrupos: aqueles que iam para a rua e os que faziam o chamado *trabalho sujo*.
> — E a qual grupo o senhor pertencia?

---

3 Pilar Calveiro, *Poder e desaparecimento: os campos de concentração na Argentina* [1998], trad. Fernando Correa Prado. São Paulo: Boitempo, 2013, p. 49.

— Eu? Ao grupo que ia para a rua [...]. Nós só levávamos o indivíduo para a Esma [...]. Sempre esperei que atirassem em mim antes de eu atirar [...]. Eu, de minha parte, entendo como assassino aquele que mata a sangue-frio. Eu, graças a Deus, nunca fiz isso [...] nós, os sugadores, detínhamos o cara e o entregávamos. E perdíamos o contato com o cara [...] a gente deixava ele ali. A parte mais perigosa para o detido começava ali... eu nunca torturaria. Porque isso era função de outras pessoas [...]. Não está dentro de mim torturar. Não sinto isso.[4]

Vilariño se referia à especialização das funções, à mecanização dos movimentos, à fragmentação do trabalho nos campos argentinos, que, ao fim e ao cabo, incumbia um setor específico de funcionários do Estado de torturar, matar e fazer desaparecer, procedimentos que o entrevistado resume na mais ou menos inócua fórmula "trabalho sujo". Porém, não se tratava apenas de fazer do agente da repressão uma peça na maquinaria macabra dos dispositivos desaparecedores. Se estes, por um lado, funcionavam à maneira de uma linha de produção taylorista-fordista, por outro lado, a atribuição de algum quinhão de soberania a cada funcionário legitimava indiretamente o recurso à *improvisação* para se alcançar os objetivos esperados em cada etapa do processo desaparecedor. Abre-se, então, uma distância entre o trabalho prescrito, regulamentado, e o trabalho efetivamente realizado, na qual entra em cena o funcionário zeloso, versado na técnica de arrumar soluções imprevistas para problemas também inesperados, de criar atalhos para executar mais rapidamente as tarefas que lhe eram destinadas, de se antecipar a eventuais obstáculos ao cumprimento de sua atividade, enfim, de agir no limiar da norma e da exceção para realizar o tal trabalho sujo.

As diversas técnicas empregadas nos dispositivos de desaparecimento foram provavelmente criadas *em campo*, a partir dos obstáculos aos quais os funcionários do Estado precisavam responder. Do mesmo modo, no que concerne aos desaparecimentos administrativos, não é despropositado

---

4 Ibid., pp. 50–51, grifos da autora.

interpretar os nomes fictícios estampados nas guias de recolhimento de cadáver como um improviso voltado a tornar mais célere e, portanto, mais eficiente a atividade dos trabalhadores dos órgãos funerários responsáveis por tal tarefa. Quando esse tipo de "quebra-galho" é denunciado, a resposta oficial costuma condenar os funcionários pela transgressão dos princípios, lamentando a pouca clareza das regras ou a insuficiência dos mecanismos de transmissão de comandos – em suma, reafirma a equiparação ideal entre trabalho prescrito e trabalho real e deixa de fora, como rebotalho, o improviso. Contudo, seja nos dispositivos desaparecedores, seja em outras formas de violência de Estado, aplica-se o que o pesquisador Steven C. Caton identificava nas práticas abusivas dos militares estadunidenses na prisão de Abu Ghraib:[5] a existência de um poder improvisador [*improvisatory power*], fundado na normalização das contingências e dos imprevistos que, por conseguinte, ele próprio produz.

Poder improvisador, trabalho sujo conduzido zelosamente, racionalização das rotinas de execução e desaparecimento: todos esses procedimentos são indissociáveis da estrutura soberana exigida para o enfrentamento da excepcionalidade revolucionária. Uma vez que as leis e regulações que deveriam limitar a violência estatal eram mantidas em permanente suspensão, abria-se uma zona anômica na qual certas vidas estavam expostas ao abandono e, por isso, à absoluta indeterminação da vontade dos que detinham algum quinhão de poder. A cada momento, os agentes que participavam dos dispositivos desaparecedores precisavam decidir sobre os limites que separavam o sujeito político e portador de direitos do corpo dejetado e votado à *disposição final*.

Essa expressão utilizada pelos militares argentinos parece ter sido inspirada pelos nazistas, tanto que o próprio ditador Jorge Videla sentia a necessidade de distinguir o sentido da expressão portenha:

---

5 Steven C. Caton. "Abu Ghraib and the Problem of Evil", in M. Lambek (org.), *Ordinary Ethics: Anthropology, Language, and Action*. New York: Fordham University Press, 2010, p. 173.

Essa frase "Solução Final" nunca se usou. "Disposição Final" foi uma frase mais utilizada; são duas palavras muito militares e significam tirar de serviço uma coisa por ser inservível. Quando, por exemplo, se fala de uma roupa que já não se usa ou não serve porque está gasta, passa-se à Disposição Final. Já não tem vida útil.[6]

Apesar do esforço de Videla para naturalizar a expressão "disposição final" argumentando sobre seu uso recorrente e banal nos quartéis, ela desvela outro sentido dos dispositivos desaparecedores: as vidas neles capturadas se convertem em coisas inservíveis, inutilizáveis e, por isso, descartáveis. No limite, não são mais vidas, mas, ainda nas palavras do ditador argentino, uma *entelequia*,[7] isto é, uma coisa irreal, espectral. Isso fica patente em outra declaração sua: "enquanto estiverem desaparecidos não podem receber nenhum tratamento especial, [ele, o desaparecido] é uma incógnita, é um desaparecido, *não possui identidade*, *não está nem morto nem vivo*, está desaparecido".[8]

A produção dessas existências espectrais não ocorre imediatamente, mas ao longo de um processo do qual participam diferentes instituições e agentes. Ainda que os dispositivos de desaparecimento montados pelas ditaduras latino-americanos sejam os que revelam de maneira mais explícita as trilhas percorridas pelos presos até sua disposição final, esse processo continua a funcionar, total ou parcialmente, sempre que é preciso transformar vidas em cadáveres sem nome e sem reconhecimento.

---

6   Jorge Rafael Videla apud Ceferino Reato, *Disposición final: la confesión de Videla sobre los desaparecidos*. Buenos Aires: Editorial Sudamericana, 2012, p. 54, grifos nossos.

7   Ibid., p. 57.

8   Id. apud Enrique S. Padrós, *"Como el Uruguay no hay...": terror de Estado e segurança nacional no Uruguai (1968–1985), do pachecato à ditadura civil-militar*. Tese de doutorado. Porto Alegre: Instituto de Filosofia e Ciências Humanas – Universidade Federal do Rio Grande do Sul (UFRGS), 2005, p. 117, grifos nossos.

Ele começa com o sequestro da vítima ou com a ação de "sugar" (em castelhano, *chupar*) os "pacotes",[9] no jargão dos militares argentinos, em que já fica patente a coisificação do preso que culminará com sua disposição final. Os "pacotes" chegavam já espancados ao local em que ficariam presos. Tinham início, então, as primeiras sessões de tortura. Encapuzados, privados do contato com o mundo exterior, despossuídos de seus nomes, que eram substituídos por números, os "pacotes" sofriam os primeiros efeitos do dispositivo desaparecedor: a profunda alteração das estruturas de percepção espaçotemporais dos prisioneiros.

> O isolamento ia acompanhado pela perda do sentido do tempo e do espaço. Para os/as sequestrados/as o espaço e o tempo permaneciam totalmente amorfos e sem conteúdo. O espaço em que viviam era, ao mesmo tempo, infinitamente pequeno e infinitamente grande: não existe uma diferença entre as sensações de estar enterrado vivo e – para usar as palavras de Enrique Mario Fukman – de estar lançado só no universo. Ainda que para os/as sequestrados/as o espaço fosse infinito, seu tempo era vazio: como no isolamento total cada momento se assemelha ao outro, tampouco havia uma diferença entre o momento e a eternidade. Os/as sequestrados/as eram privados dessa estruturação universal do espaço-tempo que serve de marco para qualquer convivência social.[10]

Simultaneamente, esses dispositivos operavam visando à dissolução das expectativas lógicas que orientam o julgamento e a ação, substituindo-as por *outra lógica*. Ninguém sabia se, quando e como morreria, em quem podia confiar, qual seria o comportamento punido e qual seria o recompensado. Ao mesmo tempo que os algozes se interessavam pela saúde de alguns presos, trazendo-lhes curativos e comidas, também diziam que iriam matá-los; se, num momento, realizavam partos com acompanhamento médico, anestesia, atenção à

---

9   P. Calveiro, *Poder e desaparecimento*, op. cit., pp. 45–46.
10 C. Dürr, *El dispositivo de la desaparición*, op. cit., p. 44.

higiene e até enxoval completo, alguns instantes depois executavam a mãe e entregavam o filho a um orfanato, à adoção ou, eventualmente, à família.[11] Para Calveiro, esta outra lógica, incompreensível para os prisioneiros, produzia uma ruptura "esquizofrênica" tanto na instituição quanto nos detentos, aumentando a sensação de loucura.[12] Essa esquizofrenia é efeito da suspensão das regularidades em prol da normalização da exceção e do improviso como forma de governo, que converte o agente da repressão em um outro absoluto e inapelável, cujo comportamento intencionalmente arbitrário explode a cada instante as interpretações que os prisioneiros elaboram para organizar minimamente o cotidiano. Tudo isso se torna explícito nos testemunhos que Calveiro recolhe de seus companheiros, nos quais a dimensão divina, messiânica dos algozes vem ao primeiro plano:

> Na Brigada de Investigações de San Justo, ao mesmo tempo que espancavam Norberto Liwsky, seus sequestradores lhe diziam: "nós somos tudo para você. A justiça somos nós. *Nós somos Deus*". Jorge Reyes também relata que "quando as vítimas imploravam por Deus, os guardas repetiam com um messianismo irracional: *aqui Deus somos nós*". Graciela Geuna faz referência a um guarda que encontrou uma lâmina de barbear que ela tinha guardado para se suicidar e que lhe disse: "Aqui dentro ninguém é dono da própria vida, nem da própria morte. Você não poderá morrer porque quer. *Você vai viver o tempo que quisermos. Aqui dentro somos Deus*".[13]

Prejudicando as formas de organização espaçotemporal e lógica dos prisioneiros, o dispositivo desaparecedor incidia, ao mesmo tempo, em seus corpos por meio da tortura. Sem essa técnica de extração e produção da verdade, da informação operacionalmente valiosa, não seria possível ganhar

---

11 P. Calveiro, *Poder e desaparecimento*, op. cit., pp. 83–84.
12 Ibid., p. 82.
13 Ibid., p. 61.

a guerra contra a revolução.[14] Uma vez que os algozes obtinham o que buscavam no prisioneiro, esvaziando-o do conteúdo informacional que lhes interessava, ele deixava de ser útil, tornava-se *inservível*, um mero corpo dejetado dentro de uma cela.

Vida e morte se tornam indecidíveis para o prisioneiro que foi levado até esse ponto do processo de desaparição. Se, por um lado, ele se sabe vivo, por outro vive paradoxalmente uma morte em vida, uma morte antes da morte; são "mortos que caminham".[15] Era justamente com essa expressão que os prisioneiros dos campos de concentração designavam os "muçulmanos" [*Muselmänner*].[16] Agamben dedica a esse grupo particular de prisioneiros um capítulo de *O que resta de Auschwitz,* no qual podemos ler o seguinte testemunho:

> Lembro que, enquanto descíamos as escadas que conduziam ao banheiro, fizeram descer conosco um grupo de *Muselmann*, como haveríamos de chamá-los depois, que eram os homens-múmia, os mortos-vivos; e os fizeram descer conosco unicamente para que os víssemos, como se dissessem: vocês ficarão iguais.[17]

A existência de mortos-vivos, seja nos campos argentinos, seja nos nazistas, seja, ainda, em tantos outros que continuam a existir nas lacunas dos discursos políticos dos Estados democráticos de direito, indica, para Agamben, o limite último dos recortes que a biopolítica estabelece no contínuo da vida. Se,

---

14   Bernard E. Harcourt, *The Counterrevolution: How Our Government Went to War against Its Own Citizens.* New York: Basic Books, 2018.

15   P. Calveiro, *Poder e desaparecimento,* op. cit., p. 87.

16   No singular, *Muselmann*, termo em iídiche que tem "muçulmano" como acepção literal, mas que era comumente empregado por prisioneiros dos campos de concentração, em sua grande maioria judeus, para designar os internos, também judeus, em situação crítica. [N. E.]

17   Aldo Carpi apud Giorgio Agamben, *O que resta de Auschwitz: o arquivo e a testemunha* [1998], trad. Salvino J. Assmann. São Paulo: Boitempo, 2008, p. 49, grifos nossos.

como mostrara Foucault em *Em defesa da sociedade*, a biopolítica isola no conjunto dos viventes aquelas raças que são consideradas uma ameaça à vida, contra as quais se justifica a guerra e a morte, os campos vão além do racismo biológico, separando a vida dos sujeitos políticos da vida-morte do "muçulmano". Esses não constituem uma ameaça biológica à perpetuação das raças, não são uma forma de vida degenerada a se proliferar por meio da transmissão hereditária na ordem social; eles representam o outro da vida, seu esmaecimento progressivo em um agregado sobrevivente de sistemas, órgãos e funções.

Por isso, o muçulmano é, para Agamben, uma *substância biopolítica absoluta*, a última zona isolável, o ponto-limite da biopolítica. Nele, a vida nua ou, para usarmos um termo mais recorrente em *O que resta de Auschwitz*, o não humano encontra-se absolutamente cindido da vida política, existindo apenas como *sobrevida*. Nas pesquisas fisiológicas que Xavier Bichat conduziu no século XVIII, Agamben encontra a antecipação teórica do que se torna prática constante na biopolítica contemporânea posterior ao nazismo: em suas *Recherches physiologiques sur la vie et sur la mort* [Pesquisas fisiológicas sobre a vida e a morte], o médico francês, não sem certo espanto, constatava a permanência da *vida orgânica ou vegetativa*, caracterizada pelas funções de nutrição e excreção, mesmo após a extinção da *vida animal ou de relação*, à qual Bichat atribui as funções sensório-motriz e intelectual.

O estudo dos efeitos de diferentes tipos de morte sobre as funções fisiológicas mostrava à Bichat que o processo de morrer é o inverso do nascimento, pois, enquanto neste a vida vegetal preexiste ao aparecimento progressivo da vida de relação, no falecimento a vida animal aos poucos se extingue, enquanto a vida orgânica subsiste por um tempo, como atestam o crescimento de cabelo e de unhas nos cadáveres.

Essas considerações de Bichat interessam a Agamben porque elas prenunciaram o que as tecnologias biopolíticas contemporâneas possibilitam: a cisão radical entre a vida de relação e a vida vegetativa ou, em termos agambentianos, entre *biós* e *zóe*, e, o que é pior, a existência indefinida desta última, como acontece no caso do além-comatoso ou do natimorto. Nem *fazer morrer*, nem *fazer viver*, mas *fazer sobreviver* como uma existência vegetativa, modulável e virtualmente infinita.[18]

O corpo sobrevivente está nas franjas entre o biopoder e a necropolítica, ponto no qual as cesuras estabelecidas pela biopolítica nas formas de vida são capturadas e administradas pelos mecanismos necropolíticos. Não por acaso, Agamben sustenta que, na modernidade, os limiares entre poder da vida e o poder da morte se indiferenciam nestas formas sobreviventes de existência, nas diversas figuras históricas do morto-vivo, que se situam para além da vida e antes da morte.

Contudo, os dispositivos de desaparecimento não interrompem sua atividade com a produção do morto-vivo, resíduo do processo de dessubjetivação das vidas por eles capturadas. Como atesta o caso paradigmático da vala de Perus, esses dispositivos são capazes de ir ainda mais longe, de ultrapassar o umbral do poder de "fazer sobreviver", para se converter em um poder de governar os cadáveres, uma necro-governamentalidade, que procurará meios para desaparecer com os próprios mortos.

De fato, em uma das últimas etapas desse longo processo que estamos analisando, a vida capturada no dispositivo de desaparecimento era reduzida a um *pacote,* a um mero corpo despersonalizado, que seria sepultado com um nome qualquer ou com a sigla NN, abreviação da expressão latina *Nomen nescio* – "desconheço o nome" –, utilizada para *identificar* corpos não reclamados e desconhecidos. Assim, o destino culminante para o qual apontavam os dispositivos de desaparecimento era a produção do cadáver desconhecido – destino que as rotinas burocráticas dos IML do Rio de Janeiro e de São Paulo já asseguram há décadas e continuam a assegurar hoje, associadas a outros atores.

---

18 Ibid., p. 156.

Um morto é também o resultado de uma "construção institucional",[19] o efeito de uma série de práticas, discursos, agentes e organismos que lhe conferem uma identidade civil e, assim, determinam simbolicamente suas formas de inscrição social. Ferreira já havia mostrado como essas instituições podiam também constituir mortos desconhecidos ao inseri--los na circulação social como incógnitas: em vez de cobrir o corpo com significações múltiplas que permitiriam seu reconhecimento no mundo dos vivos como alguém determinado, pertencente a uma família ou comunidade, tais processos de classificação como não identificados expropriam o cadáver de sua identidade civil, sua biografia, sua rede de laços que lhe conferiam uma inscrição social, convertendo-o em mero corpo dessubjetivado.[20] Não seria, portanto, equivocado dizer que esses mortos desconhecidos nunca morrem; seus despojos aguardam indefinidamente uma identificação que talvez jamais aconteça, como testemunham as centenas de cadáveres exumados da vala clandestina de Perus.

A filosofia agambentiana é precisa ao afirmar que os limiares entre bio e tanatopolítica são indiscerníveis na modernidade, que a linha divisória entre a vida e a morte não é mais fixa. Resta, porém, um ponto cinzento sobre o qual o filósofo italiano lança pouca luz, que, aliás, é o mesmo que encontramos nas elaborações de Mbembe sobre a necropolítica: o que acontece com o morto-vivo após a sua *morte*? O que existe depois de atravessado o estágio em que deparamos com a forma mais extrema de uma vida que *sobrevive*, representada nos *Lager* nazistas pelo "muçulmano", nos dispositivos desaparecedores pela vida desaparecida, nas periferias brasileiras pelas negras e negros jovens?

Ultrapassado o limiar da biopolítica e da necropolítica, encontramos a *morte nua*, a morte separada da existência

---

19 Flavia Medeiros, *"Matar o morto": a construção institucional de mortos no Instituto Médico-Legal do Rio de Janeiro.* Dissertação de mestrado. Niterói: Instituto de Ciências Humanas e Filosofia – Universidade Federal Fluminense (UFF), 2012.

20 L. C. M. Ferreira, *Dos autos da cova rasa*, op. cit.

política e social. Essa é a morte do NN, do cadáver desconhecido, do corpo não identificado, no qual foram transpostas a vida de relação, a vida vegetativa, a *sobrevivência*, resultando em um estado no qual a morte nem mesmo pode ser assim chamada. Não se trata apenas de dizer que essa morte não é valorizada, pois isso, como sugere Agamben, já acontece há muito tempo, não é propriamente uma novidade. O que é inédito nos diversos dispositivos de gestão dos mortos, como os analisados neste capítulo, é a terrível operação epistemológica e ontológica por meio da qual as vidas são dessubjetivadas e os mortos, desrealizados, de tal forma que caem fora do campo das significações, como se não mais pudessem ser designados cadáveres. Assim, os cadáveres de "muçulmanos" viram figuras, bonecos; os cadáveres de desaparecidos são comparados a *coisas* inúteis, inservíveis, cargas ou pacotes; os corpos não reclamados, que vão servir aos estudantes nos anatômicos universitários, se convertem em peças; os cadáveres de vítimas da Covid-19 reduzem-se a uma designação numérica genérica.

A melancolização generalizada

A produção dos cadáveres desconhecidos é apenas uma face do processo de desaparecimento, que envolve outro aspecto: se os desaparecidos são dessubjetivados, convertidos em uma existência espectral, o que se passa com a sociedade na qual operam os dispositivos necrogovernamentais e com aqueles que possuíam vínculos com o desaparecido? Sofreriam, eles também, os efeitos do processo de dessubjetivação? Em outras palavras, governar os cadáveres seria uma forma de governar os viventes?

A resposta a todas essas questões é um categórico "sim!". A constituição de corpos não identificados pelas instituições responsáveis pelo governo da morte subtrai esses mortos dos rituais fúnebres e dos arquivos de memória existentes em nossa sociedade. Eles não serão lamentados, não terão uma sepultura na qual seus próximos poderão deles se lembrar nem terão seus nomes em obituários. A dessubjetivação dos mortos implica a recusa da possibilidade de serem pranteados. Entre os que permanecem vivos, seus familiares e parentes, essa impossibilidade de realizar o luto dissemina formas de subjetividade melancolizadas.

A GESTÃO POLÍTICA DO LUTO

A necrogovernamentalidade se incumbe não apenas da gestão dos corpos mas, também, do controle dos rituais fúnebres, do tempo de realização das exéquias, das possibilidades de uma morte ser ou não ser publicamente reconhecida. A análise dos dispositivos de desaparecimento vem nos levando a colocar em questão a tese foucaultiana da privatização da morte, com sua consequente exclusão da esfera política. Como temos visto, nem o poder deixou a morte de lado, nem a privatização da morte significou seu abandono pelos mecanismos de gestão e controle estatais. Muito pelo contrário, as experiências necrogovernamentais, que tiveram lugar, sobretudo, nas áreas periféricas do mundo capitalista, revelam que, na morte, mesmo o elemento aparentemente mais restrito à dimensão privada foi capturado pelo poder: o trabalho do luto, que os governos não cessam de regular, gerir e controlar.[21] Por que razão é necessário gerir o luto, especialmente o luto público, convertendo-o em objeto de administração política? Qual o interesse do poder em determinar as condições em que certos mortos poderão ser reconhecidos como tais? E, no caso dos dispositivos desaparecedores, a que visaria a produção de corpos não identificados e não passíveis de luto? Por que atribuir às forças de segurança a tarefa de controlar os rituais fúnebres, especificando a forma como deveriam se realizar, o tempo que estavam autorizados a durar, as pessoas que deles poderiam participar?

---

21 Judith Butler, *Quadros de guerra: quando a vida é passível de luto?* [2009], trad. Sérgio Tadeu de Niemeyer Lamarão e Arnaldo Marques da Cunha. Rio de Janeiro: Civilização Brasileira, 2015, p. 65.

Essas questões podem ser respondidas a partir da constatação de que a possibilidade de fazer o luto e a de ser objeto de luto são diferencialmente distribuídas na sociedade, a ponto de se falar em uma "escala de lutos",[22] no limite da qual o reconhecimento de certas perdas e a expressão pública do sofrimento causado por elas são, quando não proibidos, ao menos restringidos. No caso dos dispositivos desaparecedores, os limites impostos ao luto iam da impossibilidade de realização de qualquer rito funerário, em razão da ocultação dos corpos, até a presença intimidatória de agentes da repressão em velórios e sepultamentos, restringindo a duração desses eventos e a participação das pessoas neles.

Grande parte das reflexões de Judith Butler sobre a gestão política da distribuição do luto público é suscitada pelo confronto da autora com um material cotidiano: os obituários dos jornais. Chama a atenção da filósofa a ausência de necrológios sobre as vidas *queer* desaparecidas nos atentados de 11 de setembro, sobre os milhares de palestinos mortos pelo exército israelense com apoio dos Estados Unidos, sobre inumeráveis crianças e adultos afegãos assassinados durante os bombardeios promovidos com a justificativa da guerra contra o terror. Um caso se destaca dentre os citados por Butler: trata-se de um cidadão palestino que enviou ao jornal *San Francisco Chronicle* os obituários de duas famílias assassinadas por tropas israelenses, recebendo a resposta de que o periódico não aceitava esse tipo de texto desacompanhado de certidão de óbito, mas, ainda assim, seria possível publicar textos *in memoriam.* Seguindo essa orientação, ele reenviou os textos na forma de memoriais. Porém, mesmo adequados às exigências editoriais, os memoriais foram rechaçados sob o argumento de que o jornal não gostaria de ofender ninguém.[23] Todas essas situações levam Butler a se questionar sobre o funcionamento do

---

22 Id., *Precarious Life: The Powers of Mourning and Violence.* London / New York: Verso, 2004, p. 58 [ed. bras.: *Vida precária: os poderes do luto e da violência*, trad. Andreas Lieber, Belo Horizonte: Autêntica, 2019].

23 Ibid., p. 62.

[...] obituário como instrumento pelo qual se distribui publicamente o luto. Se trata do meio pelo qual uma vida se converte em – ou bem deixa de ser – uma vida para recordar com dor, um ícone de autorreconhecimento para a identidade nacional; o meio pelo qual uma vida chama a atenção. Assim, temos que considerar o obituário como um ato de construção da nação.[24]

Duas ideias merecem ser aprofundadas a partir dessa citação: primeiramente, a distribuição pública do luto não resulta apenas da intervenção soberana do Estado na definição das mortes que poderão ser socialmente reconhecidas. Ao contrário, o exemplo dos obituários de jornal revela que a administração da possibilidade de luto está disseminada por uma rede de micropoderes, vinculados ou não ao Estado. Como já nos mostrou o caso da vala clandestina de Perus, a gestão dos mortos envolveu instituições de perícia, órgãos de segurança, cemitérios, a administração municipal de São Paulo e, certamente, os meios de comunicação, que mentiam, silenciavam ou, no máximo, diziam muito pouco sobre os desaparecimentos e as execuções perpetradas pela ditadura brasileira.

Há ainda outro ponto da observação de Butler que é importante comentar: não deixa de causar estranhamento a afirmação de que a construção de uma nação está diretamente relacionada à decisão sobre quais mortos terão lugar no discurso público. Decidir quais lutos serão possíveis em determinada sociedade e quais não serão é escolher quais mortes serão reconhecidas e, por conseguinte, quais vidas podem tomar parte na constituição de uma nação, com que mortos uma comunidade política particular deve reconhecer vínculos visando à formação de sua identidade social. Sabiam muito bem disso os positivistas que, no século XIX, aclamavam a disseminação de cemitérios públicos com espaços reservados para o culto das relíquias dos heróis nacionais. Ora, a outra face dessa moeda consiste em depositar nas valas clandestinas aqueles corpos cuja identidade

---

24 Ibid., p. 61.

civil é a não identidade atribuída pela sigla NN seguida de um número. Entre os grandes mausoléus dos heróis – inclusive os desconhecidos – e a terra batida que engole o corpo incógnito há, contudo, uma gama de possibilidades de luto. Para dar um exemplo, examinemos a categoria dos cadáveres identificados e não reclamados, isto é, dos mortos que tiveram sua identidade civil atestada institucionalmente, mas cujo corpo não foi solicitado por nenhum familiar para sepultamento. Esses mortos, por diversas razões, são abandonados pela rede social em que estiveram inseridos enquanto viviam, seus familiares não puderam ou não quiseram declarar publicamente os vínculos com eles, deixando que fossem sepultados apenas sob um número classificatório. O que os mortos identificados e não reclamados revelam é o caráter eminentemente político da morte, tanto que, em alguns casos, se faz necessário romper eventuais ligações sociais com os cadáveres para que a sorte que coube aos defuntos não recaia sobre os vivos. Em outras palavras, a recusa do reconhecimento de determinada morte é um ato necessário para manter distante do imaginário familiar o que parece ameaçá-lo como não familiar.

Essa recusa também opera em outras escalas, inclusive globalmente. Por isso, a unidade que caracteriza a ideia moderna de nação repousa sobre a desaparição de certos corpos com a consequente proibição de seu luto público.[25] As mortes que devemos lamentar publicamente são apenas aquelas que nos parecem mais familiares e que, por isso, não produzem estranhamentos, não causam problemas nem ofendem a ninguém. Essa é a conclusão que Butler infere da repercussão do brutal assassinato do jornalista Daniel Pearl, do *The Wall Street Journal*, em 2002, por integrantes da Al-Qaeda, em Karachi, no Paquistão. A morte do jornalista não só foi amplamente divulgada por diversos meios de comunicação, nos Estados Unidos e no exterior, como mobilizou o engajamento de seus colegas, correspondentes de guerra, na "linha de frente" das batalhas. O que poderia

---

25 Ibid., p. 65.

explicar, segundo Butler, a disparidade de reações ante a morte do jornalista comparada a outras tantas mortes, como aquelas mencionadas anteriormente? O fato de que a vida de Daniel Pearl é reconhecida como familiar.

> O luto de Daniel Pearl não apresenta nenhum problema para mim nem para a minha família. Se trata de um nome familiar, uma cara familiar, uma história de educação que entendo e compartilho; [...] Em relação a ele, não me preocupa a proximidade do não familiar, a proximidade da diferença que me obriga a forjar novos laços de identificação e a reimaginar o que significa pertencer a uma comunidade humana na qual nem sempre se pode pressupor uma base cultural e epistemológica comum. Sua história me leva para casa e me seduz para aí permanecer.[26]

Tais considerações são extremamente relevantes para a compreensão do caso que nos mobiliza. Em capítulo anterior, vimos que a doutrina da guerra contrarrevolucionária implicava a afirmação da existência de um tipo novo de inimigo, o *inimigo interno*. Por isso, todos os setores da vida política, econômica e social deveriam se unificar em torno de um mesmo objetivo biopolítico: combater esse inimigo para defender a unidade do corpo social e garantir a *sobrevivência* da nação.

Ora, junto com os manuais e o ensinamento dos franceses e estadunidenses, tais ideias foram assimiladas pelas ditaduras latino-americanas. Os teóricos dessas ditaduras afirmavam a identidade real entre o Estado e a nação, que se personificava como um ente uno, homogêneo, dotado de vontade própria e apto a escolher os meios mais adaptados para a consecução dos fins almejados.[27] Porém, não era tanto a partilha dos fins quanto a de um inimigo comum que sustentava

---

26 Ibid., pp. 65–66.
27 José Comblin, *A ideologia da segurança nacional: o poder militar na América Latina* [1977], trad. A. Veiga Fialho. Rio de Janeiro: Civilização Brasileira, 1978, p. 29.

115

a propalada unidade indivisa da nação. No contexto daquelas ditaduras, esse inimigo tomava a mal definida forma do "comunismo", ao qual se juntaram, na contemporaneidade brasileira, outras categorias, tais como "os corruptos", "os vagabundos", "os esquerdistas". Combater essas ameaças, eliminar os antagonismos que colocam em risco os interesses da nação, eis o principal objetivo político que justifica a generalização de políticas de segurança nacional para todos os aspectos da vida social, desde a economia até a cultura, a saúde e a educação.

Entre os teóricos das doutrinas de segurança nacional latino-americanas, constata-se o uso recorrente de analogias entre o mundo orgânico e a geopolítica nacional. Os títulos dos capítulos nos quais o ditador chileno Augusto Pinochet Ugarte divide seu livro *Geopolítica* revelam claramente a dimensão que tais analogias tomaram no continente: capítulo 2, II: "O estado como organismo vivente"; quarta parte: "O ciclo vital do Estado"; cap 1, II: "O Estado como organismo vivo", seguido de outros três capítulos nomeados, respectivamente: "O nascimento do Estado", "O desenvolvimento e o crescimento do Estado" e "A morte dos Estados". De acordo com a compreensão de geopolítica defendida por Pinochet,

> [...] o Estado não é uma criação legalista. Pelo contrário, vê nele um organismo "vivo", submetido a certas leis e sujeito a influências naturais igual a qualquer outro organismo animal. Por isso, um Estado experimenta fenômenos de nascimento, crescimento e morte; expande-se, adoece e envelhece como todos os seres. O Estado tem um dinamismo constante através dos séculos.[28]

No Brasil, Golbery do Couto e Silva, o principal teórico da segurança nacional brasileira, não obstante suas ressalvas com relação a um "organicismo grosseiro" que teria dado impulso "às loucuras e crimes de alguns imperialismos megalomanía-

---

28 Augusto Pinochet Ugarte, *Geopolitica*. Santiago: Andres Bello, 1984, p. 238.

cos",[29] não deixa de afirmar que a segurança nacional é um "problema vital" e que "qualquer Geopolítica Nacional deve visar, em essência, à sobrevivência do Estado, como entidade internacional dotada de um poder soberano, como *organismo social em processo de integração continuada*, como Nação próspera e prestigiada no mundo".[30] Não poderia ser mais explícita a identificação do Estado com um organismo que busca sua constante integração contra as insistentes forças desagregadoras que o ameaçam interna e externamente.

Seja recorrendo à identificação da nação com um organismo autorregulado, dotado de unidade e mecanismos internos que garantem sua homeostase, seja afirmando a existência de um princípio transcendente ou divino para a unidade ontológica da sociedade, trata-se de governar mobilizando permanentemente o medo da intrusão de forças estranhas e disruptivas que levem à desagregação iminente do laço social e precipitem todos em uma guerra incontrolável. No entanto, a força de tal fantasia de desagregação não está apenas no temor de um retrocesso histórico que levaria todos a um propalado estado de barbárie, do qual acreditavam ter se distanciado definitivamente com a instituição de um poder pacificador fundado no soberano. Além da degeneração histórica da sociedade, o filósofo Vladimir Safatle nos lembra de que a guerra de todos contra todos é também uma hipótese que se erige a partir de uma análise atual das forças estrangeiras inimigas que se escondem no mais íntimo de cada um, nas paixões humanas, na sua tendência a excederem a si mesmas, desejando, ambicionando, cobiçando.[31] A condição para que o poder soberano se perpetue é, então, ambivalente: por um lado, ele deve se apresentar como garantidor da paz, exorcizando essa fantasia de desagregação que, por outro lado, o próprio poder precisa manter no horizonte,

---

29 Golbery do Couto e Silva, *Geopolítica do Brasil*, Rio de Janeiro: José Olympio, 1967, p. 74.
30 Ibid., p. 169, grifos nossos.
31 Vladimir Safatle, *O circuito dos afetos: corpos políticos, desamparo e o fim do indivíduo* [2015]. São Paulo: Autêntica, 2016.

como se a ameaça estivesse sempre presente, constantemente à espreita para retornar.

Os esforços para exorcizar essas vidas infamiliares, estranhamente ameaçadoras, principiam com sua aniquilação biológica e prosseguem até alcançar efeitos que poderíamos designar ontológicos, na medida em que uma morte desaparecida é, no limite, irreal, pois sofreu a violência da desrealização. Nas palavras de Butler: "São vidas para as quais não cabe nenhum luto porque já estavam perdidas para sempre ou porque, melhor dizendo, não 'foram' [...]. A desrealização do 'Outro' quer dizer que não está nem vivo nem morto, mas em uma interminável condição de espectro".[32] Essas palavras parecem se referenciar a já comentada afirmação do ditador argentino Videla, segundo quem o desaparecido é uma incógnita, "não possui identidade, *não está nem morto nem vivo,* está desaparecido".[33] A desrealização de certas mortes é tanto causa quanto efeito da desrealização das vidas que morreram. Como essas mortes não são reconhecidas publicamente, como, para a sociedade, elas nunca ocorreram, as vidas que foram nunca existiram, afinal, para que uma vida possa ser apreendida como tal, é preciso que ela seja considerada passível de luto.

Talvez, agora, estejamos em condições de esboçar algumas respostas para as perguntas que apresentamos anteriormente: por que razão é necessário gerir o luto público, convertendo-o em objeto de administração política? E, no caso dos dispositivos desaparecedores, a que visaria a produção de corpos não identificados e não passíveis de luto? Ora, a gestão dos mortos e da sua possibilidade de luto tem efeitos sobre quais existências queremos reconhecer como dignas de vida e quais outras podemos expor à violência e à destruição sem que sintamos sua perda. Nada poderia ser mais diferente da lógica biopolítica explicitada por Foucault,

---

32 J. Butler, *Precarious Life*, op. cit., p. 60.

33 Apud E. S. Padrós, "A política de desaparecimento como modalidade repressiva das ditaduras de segurança nacional". *Tempos Históricos*, v. 10, 2007, p. 117, grifos nossos.

na qual o poder soberano de *fazer morrer* destruía vidas consideradas patológicas para maximizar as potências biológicas de um povo; no exercício da necrogovernamentalidade, o que a administração política da morte e dos rituais que a acompanham visa é desrealizar e fazer desaparecer certas formas de vida.

Assim, impedir que certas vidas sejam enlutáveis, tornando suas perdas irreais, é o mesmo que as suprimir do conjunto daquelas existências às quais nos consideramos ligados e cuja morte é capaz de nos transformar de maneira imprevisível. Em outras palavras, essas vidas não possuem a mesma qualidade de outras, são vidas indignas de ser vividas, cuja extinção pouco ou nada afeta os sujeitos e sua comunidade. Ao contrário, o que os afeta é a existência dessas vidas, na medida em que elas são o radicalmente outro, uma vida *indeterminada* que ameaça destruir a sociedade.

Ao mesmo tempo, a desaparição dessas vidas dos discursos públicos reitera a violência de Estado que sobre elas recai. Afinal, o que impede que se mate, torture, prenda em condições subumanas existências que já trazem a marca de seu desaparecimento futuro, existências que, após a morte, não serão choradas, cuja perda ninguém poderá sofrer? Como observa Butler,

> temos que analisar o modo como esses atos de luto publicamente autorizados estabelecem e produzem a norma que regula quais mortes valem a pena, o modo como essa norma opera junto com a proibição do luto público de outras vidas e o modo como essa distribuição diferencial do luto serve para desrealizar os efeitos da violência militar.[34]

Assim, o bloqueio do luto não só fortalece formas identitárias e unificadas de organização social, das quais o moderno conceito de nação é o modelo, como legitima a violência que se dirige contra as múltiplas formas de *vida nua*.

----

34 J. Butler, *Precarious Life*, op. cit., p. 64.

Assassinar já não basta, é preciso um esforço a mais se quisermos fazer uma nação: tornar indizível, invisível, irreal, não passível de luto – enfim, é preciso desaparecer com algumas mortes para desaparecer com suas vidas. São nomes, histórias de lutas, narrativas de sofrimento, de resistências, que desaparecem nas elipses do discurso social.

Se o poder tem como correlato a produção de saberes, como insistia Foucault, tais casos nos permitem pensar na emergência de espaços de não saber, nos quais o governo torna indizíveis certas vidas e as próprias ações do Estado se mostram ilegíveis. Sabemos pelo ensino foucaultiano que o aparecimento de tecnologias de produção de informações, como a estatística e as ciências atuariais, foi necessário para a gestão biopolítica da vida das populações. Contudo, no que diz respeito ao desaparecimento, estamos diante de técnicas de governo que não apenas não produzem informações como parecem mesmo atuar no sentido de destruir seus rastros.

Vidas melancolizadas

Resta analisar um último aspecto relativo aos efeitos subjetivos dos dispositivos necrogovernamentais. Até aqui, vimos que a produção do corpo não identificado e a administração do luto público visavam definir quais mortes seriam desrealizadas e desapareceriam com suas vidas. Contudo, a desrealização dessas mortes impõe consequências para os que permanecem vivos e sofrem cotidianamente com as múltiplas formas de abandono do campo da política, do direito, do sentido. Afinal, se minha morte não poderá ser chorada, se meus funerais não existirão, se meu cadáver será identificado como desconhecido, enfim, se minha perda não encontrará espaço de inscrição social, então que valor tem minha vida? Além disso, para os que se identificam com algum traço daqueles mortos – raça, gênero, condição social, ideais políticos etc. –, a impossibilidade de fazer reconhecer essas mortes pode ser acompanhada de silêncio, vergonha, medo de ter o mesmo destino do morto, dúvidas suscitadas pelo que se ouve a respeito do falecido, raiva dirigida a ele e a sua morte. Nesse conjunto de efeitos da desrealização da perda, acrescenta-se a melancolização dos vivos.

A distribuição desigual do luto é condição para que o poder administre os sujeitos políticos por meio da generalização de respostas melancolizadas a situações de perda. Nesse sentido, podemos sustentar que a melancolização é uma *patologia do social* da gestão necrogovernamental.

Uma patologia do social consiste numa forma de funcionamento social a partir da gestão do sofrimento psíquico.[35] Em *O normal e o patológico*, Canguilhem afirmava que uma patologia, particularmente as patologias psíquicas, não é uma realidade natural identificada a partir de suas manifestações sintomáticas; ela é, antes, um conflito normativo entre o organismo e seu meio, entre uma forma de vida e as normas sociais, com os valores que lhe subjazem.[36] Por isso, toda patologia é vivida primeiramente como mal-estar, no sentido de algo que exprime certa condição existencial indeterminada que se confunde com uma sensação de deslocamento, de não lugar. No âmbito social, esse mal-estar procura se nomear precariamente através das narrativas que lhe inserem na história e nas relações com o outro.[37] Contudo, as narrativas de sofrimento são reconhecidas socialmente de maneiras diferentes. Enquanto algumas são consideradas normais ou saudáveis, isto é, em conformidade com as expec-

---

35 V. Safatle, Nelson da Silva Júnior e Christian Dunker (orgs.), *Patologias do social: arqueologias do sofrimento psíquico*. Belo Horizonte: Autêntica, 2018; Id., *Neoliberalismo como gestão do sofrimento psíquico*. Belo Horizonte: Autêntica, 2021. As discussões deste capítulo foram profundamente impactadas pelas pesquisas que o Laboratório de Teoria Social, Filosofia e Psicanálise (Latesfip-USP) vem realizando há anos sobre as patologias do social e os meios pelos quais o neoliberalismo as administra.

36 Georges Canguilhem, *Le Normal et le pathologique* [1966]. Paris: PUF, 2007 [ed. bras.: *O normal e o patológico*, trad. Maria Thereza Redig de Carvalho Barrocas. Rio de Janeiro: Forense Universitária, 2015].

37 C. Dunker, *Mal-estar, sofrimento e sintoma*. São Paulo: Boitempo, 2015.

tativas normativas que, num dado contexto, regem o mundo social, outras são diagnosticadas como patológicas, ameaçadoras tanto para quem as sofre quanto para os que o circundam, justificando, assim, intervenções terapêuticas as mais variadas. Vê-se, portanto, que determinar quais modos de sofrer são saudáveis e quais não são, quais dinâmicas afetivas podem ser comunicadas segundo certa gramática de sofrimento e quais precisam ser tratadas, com remédios ou confinamento, é uma decisão profundamente política e moral, ao mesmo tempo que clínica. No limite, isso quer dizer que todo diagnóstico clínico é indissociável de seus efeitos políticos e sociais, uma vez que eles estabelecem a partilha entre *como se deve sofrer* e *como não se deve sofrer*, entre quais formas de experiência são saudáveis e quais são patológicas. Governar o social gerindo o sofrimento psíquico significa, então, por um lado, determinar os quadros patológicos e a gramática do sofrimento que orientará a diagnóstica, entendida em sentido amplo, e, por outro lado, administrar a incidência maior ou menor de certas formas de sofrer a partir da necessidade de se produzir determinados tipos de laços sociais.

Inseridas nesse quadro interpretativo, as teses de Butler sobre a generalização da melancolia não devem ser tomadas como se atestassem um aumento do diagnóstico de melancolia nos consultórios de psicanálise, de psicologia ou de psiquiatria. Longe de querer marcar posição em polêmicas diagnósticas no campo da clínica, a filósofa toma de empréstimo a categoria melancolia para orientar sua crítica social a respeito dos modos como o poder, ou, nos nossos termos, a necrogovernamentalidade, administra os laços sociais intensificando a incidência de formas melancolizadas de subjetivação e de sofrimento. Ainda que, singularmente, os sujeitos possam ter outros modos de funcionamento libidinal, *eles agem como se fossem melancólicos*.

Apesar das dificuldades em estabelecer uma distinção precisa entre luto e melancolia, Freud insistia que esta última ocorre quando, uma vez desfeito o investimento libidinal com algo exterior – uma pessoa, coisa ou ideal – cuja perda não pode ser admitida, a libido livre não se vincula a um novo objeto, como aconteceria no processo normal do luto, mas se retira para o Eu, produzindo a *identificação* deste com o objeto abandonado. Por isso, conclui Freud utilizando uma fórmula que se tornou célebre: "[...] a sombra do objeto caiu sobre o Eu, que então pode ser julgado por determinada instância como um objeto, como o objeto abandonado",[38] ou seja, o Eu foi eclipsado pelo objeto abandonado, tornando-se ele mesmo um *objeto abandonado*.

Contudo, esse processo de incorporação, por meio do qual o Eu pretende substituir o objeto perdido, não funciona totalmente. Em razão da perda não admitida, a ambivalência afetiva característica de qualquer apego amoroso, que se encontrava subtraída da consciência, assume uma forma específica na melancolia, criando um campo de batalhas psíquico entre a parte do Eu identificada com o objeto e uma outra, que procura desligar a libido da fixação no objeto. Com o desenlace melancólico, a ambivalência não consciente se converte numa ambivalência produtora da paisagem psíquica: o destino do amor, vimos há pouco, será constituir o Eu por meio da volta reflexiva da libido; o destino do ódio será precisamente erigir a instância moral com suas formações ideais.

A melancolia é, então, responsável pela formação da *consciência moral*, que se torna a fonte das brutais acusações que o Eu dirige contra si mesmo, autorrecriminando, humilhando-se publicamente, em alto e bom som, e, no limite, atentando contra a própria vida. Trata-se, portanto, de uma instituição do Eu que se volta contra o Eu, cindindo-o. Assim, "a perda do objeto se transformou em perda do Eu e o conflito entre o Eu e a pessoa amada em uma bifurcação entre a crítica do Eu e o Eu modificado pela identificação".[39]

Alguns anos depois de *Luto e melancolia*, em *Psicologia das massas e análise do eu,* o psicanalista volta a observar que as melancolias:

---

38 Sigmund Freud, *Luto e melancolia* [1917], trad. Marilene Carone. São Paulo: Cosac Naify, 2011, p. 61.

39 Ibid.

[...] nos mostram o Eu dividido, decomposto em dois pedaços, um dos quais se enfurece com o outro. Esse outro pedaço é aquele transformado pela introjeção, e que contém o objeto perdido. Tampouco o pedaço que se conduz tão cruelmente nos é desconhecido. Ele contém a consciência moral, uma instância crítica do Eu que também em épocas normais se contrapôs criticamente a este, mas nunca de maneira tão inexorável e tão injusta. Já em ocasiões anteriores ("Narcisismo"; *Luto e melancolia*) fomos levados à suposição de que em nosso Eu se desenvolve uma instância que pode se separar do resto do Eu e entrar em conflito com ele. Nós a chamamos de "ideal do Eu" e lhe atribuímos funções como auto-observação, consciência moral, censura do sonho e principal influência na repressão.[40]

Neste momento do percurso teórico-clínico freudiano, permanecem nebulosas as distinções entre o Ideal do Eu e a instância moral crítica que, a partir de *O Eu e o Id*, passará a se chamar Supereu. Para além das polêmicas interpretativas a respeito dessa questão, o importante para a elucidação da melancolia é entender que a gênese desta instituição observadora e julgadora, o Supereu, é tributária da internalização de figuras de autoridade com as quais o indivíduo manteve relações ambivalentes desde seus primeiros núcleos de interação social. Se, por um lado, tais figuras garantem cuidado e proteção à criança em estado de desamparo, por outro lado, elas impõem, como condição para a socialização, severas restrições à satisfação das exigências pulsionais infantis. A agressividade liberada pela renúncia à realização da pulsão não pode ser dirigida contra quem sustenta a Lei repressora, pois essa pessoa não apenas protege a criança como também a ameaça com punições caso infrinja os interditos. O destino dessa agressividade será, como sabemos, sua inversão para o Eu, cindindo-o entre uma parte julgada e outra julgadora:

---

40 Id., *Psicologia das massas e análise do eu e outros textos (1920–1923)*, trad. Paulo César de Souza. São Paulo: Companhia das Letras, 2011, pp. 67–68.

o Supereu. Assim, a autoridade externa é internalizada, passando a vociferar desde dentro. Quanto maior a fúria destrutiva que se queria endereçar à autoridade, tanto maior será a agressividade com que o Supereu acusa o Eu, expondo seu fracasso e sua culpa diante dos Ideais sociais. No caso dos melancólicos, Freud diz que o componente sádico da pulsão está instalado no Supereu, fazendo dele "uma espécie de local de reunião das pulsões de morte",[41] que, dirigidas contra o Eu, podem levá-lo ao autoassassinato (que é a tradução literal de *Selbstmord*, suicídio).

É por ter se identificado com o objeto interditado pelo Supereu que o Eu convoca sua violência. O objeto de investimento libidinal que o Eu precisou abandonar mediante o processo de repressão é estabelecido no Eu, de forma que, no caso do melancólico, todo o Eu se converteu neste objeto proibido e, assim "como que se oferece ele próprio ao Id como objeto de amor, procura compensá-lo por sua perda, dizendo: 'Veja, você pode amar a mim também, eu sou tão semelhante ao objeto'".[42] Ao se transformar no objeto de um gozo outro, interditado pela Lei e conflitante com os Ideais simbólicos, o melancólico assume o lugar do culpado, daquele que infringiu a normatividade que regula o campo social, que cometeu um crime de lesa-majestade, reproduzindo a cena do súdito culpado diante do soberano tirânico.[43]

A consequência imediata desse jogo de posições melancólico seria afirmar que o Supereu internalizado reprime o Eu, negando o gozo com o qual este se identifica. Ainda que essa interpretação seja possível e mesmo sólida, as elaborações de Butler sobre a distribuição desigual do luto abrem-nos outros caminhos de reflexão.

Os mortos desrealizados anunciavam de diferentes maneiras a inconsistência da lei social, das formas autorizadas de

---

41 Id., "O Eu e o Id", in *O Eu e o Id, "autobiografia" e outros textos (1923–1925)*, trad. Paulo César de Souza. São Paulo: Companhia das Letras, 2011, p. 68.

42 Ibid., p. 37.

43 Id., *Luto e melancolia*, op. cit.

satisfação, das promessas culturalmente disponíveis de realização subjetiva; em suma, esses mortos rompem o circuito de autorreconhecimento da sociedade em mortes familiares que não questionavam os Ideais nacionais. O desaparecimento de seus corpos era o desaparecimento das vidas que foram, com suas histórias de lutas e transgressões contra a pretensa unidade do Povo. A "foraclusão social do luto", na expressão de Butler, sintetiza o ato social de dupla negação desses mortos, que não pode ser explicada como uma simples negação ou repressão do outro, tal como aquela primeira interpretação suporia. Enquanto a repressão reconhece a existência do que foi recusado, a "foraclusão", para a filósofa, é definida por uma dupla recusa, um *never-never*: o primeiro *never* incidiria sobre o vínculo de amor com o outro, recusando-o, enquanto o segundo exporia as consequências propriamente ontológicas da foraclusão, na medida em que a negação se endereçaria ao reconhecimento da perda do objeto e, no limite, como vimos, à existência do próprio objeto. A operação necrogovernamental de impossibilitar certos lutos não apenas nega a existência de um vínculo com aquele que morreu como, ao negar sua morte, nega-lhe a existência.

Ao tomar de empréstimo da psicanálise o conceito de foraclusão, Butler diz mais do que explicita. Lacan interpreta o que Freud chamava de *Verwerfung* empregando o termo francês *forclusion* (traduzido como foraclusão), que provém do campo do direito. Diz-se que um crime está *forclos* quando, após transcorrido um tempo definido nos códigos jurídicos, ele prescreveu, deixando de existir para a lei, que não pode mais ser aplicada ao caso em questão. Referida ao campo da psicanálise em certo momento do ensino lacaniano, a foraclusão será tomada como condição estrutural da psicose. O psicótico é aquele para quem o significante representante da Lei simbólica está prescrito do Outro, que aparece como um Outro onipotente, não barrado, uno e idêntico a si mesmo, indiferente a qualquer coisa que pretenda separá-lo de seu gozo.

É verdade que Butler não trata da foraclusão desse significante da Lei, mas da foraclusão social de um processo, ou melhor, de um trabalho: o luto. Para avaliar os efeitos dessa foraclusão sobre as subjetividades, convém, antes, reconstruirmos brevemente a concepção butleriana de luto a partir da crítica que a filósofa endereça à concepção do luto apresentada em *Luto e melancolia* como um trabalho psíquico individual que culminaria na restituição do *status quo ante* em razão do caráter absolutamente substituível do objeto perdido, do qual sairia um sujeito novamente íntegro em sua individualidade. Para Butler, ainda que se possa admitir a intercambiabilidade do objeto, o luto implica a mudança radical e imprevisível do sujeito afetado pela perda e expõe a irredutibilidade dos *laços*, que nos constituem como sujeitos vulneráveis.

Desde o século XVIII, a morte temida é a do *outro*, do *próximo*, e Freud poderia ser lido como alguém que buscava tranquilizar o mundo ocidental afirmando que esse outro é um objeto substituível ao cabo do trabalho normal do luto. Butler, ao recusar a possibilidade de substituição, recusa também a dicotomia eu-tu. O acento recai, para a filósofa, menos nos polos e mais no que está *entre* eles, no *laço* que os liga de maneira nunca completamente passível de ser enunciada no discurso, pois nem sempre se consegue ter palavras para designar o que se perdeu com a ruptura dos vínculos com o outro.

Assim, a noção butleriana de *laço* remete menos à justaposição de dois ou mais indivíduos que conservariam seus limites intactos e mais à decomposição de toda e qualquer individualidade, cujo sentido se encontra sempre além e fora dela mesma. Na medida em que o luto expõe esses laços, sua potência política está sobretudo nisto: permitir a desintegração, a indeterminação de sujeitos que se pensavam autônomos e fechados sobre si.

O luto aponta, assim, para outra normatividade dentro do campo político, radicalmente diferente da compreensão de que o indivíduo juridicamente definido é a unidade mínima das relações sociais. Sobre essa compreensão se fundariam as lutas por reconhecimento de identidades supostamente bem delimitadas, cujos direitos precisariam encontrar espaço no ordenamento jurídico positivo. Ora, o luto é capaz de revelar quão problemática é essa individualidade, pois atravessada constantemente por *outros* que desestabilizam suas expectativas de autonomia.

Os *laços* que estabelecemos com os outros podem levar a experiências produtivas de indeterminação, bem como gerar situações destrutivas de indeterminação. Nesse último caso, agrupam-se as múltiplas e variadas formas de violência que incidem nas brechas da vulnerabilidade humana, tais como as intervenções necropolíticas que visam minar os recursos básicos necessários para a manutenção da vida: alimento, abrigo, saneamento, saúde, transporte etc.

O luto é capaz de expor a *precariedade* dos sujeitos, não somente no sentido de que há a morte, a doença e a finitude, mas, fundamentalmente, porque a vida depende de diferentes modos de relação com outros para que exista e continue existindo. Contra a ontologia do individualismo pressuposta nas políticas liberais, Butler insiste que no centro da política há um "desfundamento": a precariedade. Não há vida corporal sem que certas condições de sobrevivência sejam oferecidas em resposta ao reconhecimento da precariedade fundamental de todo e qualquer vivente.

Da foraclusão social do trabalho do luto resulta a fantasia da nação como Um indiviso, não barrado, onipotente e imutável, e do sujeito como indivíduo autônomo que realizaria as expectativas totalizantes próprias às formações narcísicas. O Outro do psicótico é o análogo psíquico do Povo que foracluiu o luto público de certas mortes e cuja normatividade social se apresenta como absoluta. A generalização de subjetividades melancolizadas é um destino possível para a subjetivação em sociedades incapazes de mediar dialeticamente relações com figuras da alteridade, do não idêntico, do estranho, às quais a política responde apenas pela via da segregação, da destruição, do desaparecimento.

O morto cujo luto foi prescrito cai como um dejeto abandonado por essa totalidade social autoidêntica. Do mesmo modo, as subjetividades melancolizadas constituem em si um dispositivo de vigilância e autodestruição que visa o que nelas se identifica com o morto ou com o que ele representa. Tais subjetividades fazem de si mesmas dejetos, objetos esvaziados que não encontram lugar no Outro social, preservando, desse modo, a identidade social e as autoridades que a sustentam. Em um estudo teórico-clínico com mães de desaparecidos, Pizarro e Wittebroodt concluem que "o desmentido social, o rito público faltante e a impunidade as obrigou a converter sua própria existência, seus corpos, em lugar de residência, em criptas dos que não estão, como se fossem a substituição vivente, testemunhal, de uma tragédia sem solução".[44]

Se o destino do objeto perdido é ser incorporado pelo Eu, o destino do Outro social é ser internalizado na forma das vociferações do Supereu tirânico. Assim, o próprio poder desaparece como agente externo de coerção. Em certa medida, a gestão da melancolia realiza definitivamente o que temos visto caracterizar os dispositivos desaparecedores: a invisibilização do poder. É a este soberano terrível e gozador que o melancólico se entrega como seu objeto, deixando-se destruir pela série interminável de acusações e pelas exigências de punição contra uma culpa inexpugnável. Tal como os condenados nos rituais soberanos do Antigo Regime, o corpo melancolizado é trespassado pelos significantes que procedem do Outro superegoico, desmembrado por suas críticas e, no limite, morto.

A agressividade internalizada e revertida contra o Eu é uma violência não apenas domesticada, mas gerida de forma a transformá-la de ameaça em cúmplice do governo social. Na formulação cabal de Butler:

A melancolia é uma rebelião que foi suprimida, esmagada. [...] O poder do Estado para evitar a fúria insurrecional faz parte das operações da psique. A "instância crítica" do melancólico é um instrumento social e psíquico. Essa consciência

---

44 Angélica Pizarro e Ingrid Wittebroodt, "La impunidad: efectos en la elaboración del duelo en madres de detenidos desaparecidos". *Castalia*, v. 1, n. 3, 2002, p. 116.

superegoica não é simplesmente análoga ao poder militar do Estado em relação a seus cidadãos: o Estado cultiva a melancolia entre os cidadãos precisamente como forma de dissimular e deslocar a sua própria autoridade ideal. Isso não equivale a dizer que a própria consciência seja uma simples instanciação do Estado, ao contrário: ela é o ponto de fuga da autoridade do Estado, sua idealização psíquica, e, nesse sentido, seu desaparecimento como objeto externo. O processo de formação do sujeito é o processo de tornar invisível – e efetivo – o poder aterrorizante do Estado como a idealidade da consciência.[45]

Se, como constata Freud, é possível perceber uma insistente capacidade de comunicação nos melancólicos, é porque eles conseguem mais fortemente se expor e se depreciar. Aquilo que não podem endereçar ao social, a agressividade que fora internalizada com a perda e em razão da perda, expõe-se disfarçada na rota sinuosa pela qual o Eu acusa a si mesmo. Novamente Freud resume essa interpretação em outro aforismo conhecido: "Para eles [melancólicos], *queixar-se é dar queixa* no velho sentido do termo; eles não se envergonham nem se escondem, porque tudo de depreciativo que dizem de si mesmos no fundo dizem de outrem".[46] Denunciar as próprias misérias e crimes perante os Ideais sociais segundo os quais se é julgado pelo Supereu é, assim, a forma melancólica de refratar a violência que se endereçaria a esses mesmos Ideais que foracluíram a perda. Porém, o resultado dessa reflexão da agressividade para o Eu é justamente o de fortalecer a fantasia da totalidade do Outro social.

Desde a analítica da governamentalidade foucaultiana, não é mais preciso considerar que o poder se impõe apenas exteriormente a sujeitos previamente constituídos. As investigações butlerianas sobre a melancolia, por sua vez, partilham com a psicanálise da constatação de outra forma de domi-

---

45 J. Butler, *A vida psíquica do poder: teorias da sujeição* [1997], trad. Rogério Bettoni. Belo Horizonte: Autêntica, 2017, pp. 198–99.

46 S. Freud, *Luto e melancolia*, op. cit., p. 59.

nação, que se faz a partir de "dentro", isto é, que decorre de uma "inversão encobridora", por meio da qual a função subjetivante do poder inverte sua direção, tornando-se potência atuada pelo sujeito. Ao pensar que age movido por uma vontade autônoma e legisladora, o sujeito, na verdade, é agido e, assim, constituído pelo poder.

A necrogovernamentalidade opera desde nossas autovociferações, fazendo-nos sustentar a fantasia de que o Outro social é imutável, de que toda transformação que se possa querer operar nele é vã, de que não temos forças para fazer face a sua crueldade, de que as formas de vida encarnadas pelos que morreram são realmente nocivas, de que já fomos derrotados, já estamos mortos. Como sintetiza Vladimir Safatle:

> É possível dizer que o poder nos melancoliza e é dessa forma que ele nos submete. Essa é sua verdadeira violência, muito mais do que os mecanismos clássicos de coerção e dominação pela força, pois trata-se aqui de violência de uma regulação social que leva o Eu a acusar a si mesmo em sua própria vulnerabilidade e a paralisar sua capacidade de ação.[47]

A criação dos cadáveres desconhecidos, última etapa do processo de dessubjetivação das vidas, não pode ser dissociada de seus efeitos subjetivos sobre os viventes. Os dispositivos necrogovernamentais, ao gerir os corpos, administram a vida dos indivíduos, definindo tanto as mortes que poderão ser pranteadas na sociedade, veladas nos cemitérios, cultuadas em mausoléus, quanto as que desaparecerão sem deixar rastro. A distribuição diferencial do luto tem ainda outra função: induzir entre aqueles que se identificam com essas mortes desrealizadas ou com o que elas simbolizam a produção de formas melancolizadas de subjetividade. O jovem estudante Maurício desapareceu sob a sombra de M-8, identificando-se com aquele morto do qual nada restava senão um cadáver transformado em "peça" de anatômico, a respeito da qual

---

47 V. Safatle, *O circuito dos afetos*, op. cit., p. 83.

nada se sabia, nem mesmo os documentos oficiais continham algum elemento que pudesse nomeá-la. Assim, convertidas em subjetividades identificadas com uma perda que não podem publicamente reconhecer, nem criticar, nem denunciar, essas subjetividades melancolizadas internalizam na forma da agressividade superegoica as injunções que as fazem paralisar e, no limite, assumir-se como já mortas.

Como reativar a rebelião que a melancolização generalizada pretende esmagar? Ao mesmo tempo em que a trajetória do estudante Maurício é atravessada pelos efeitos melancolizantes do poder, nela também se delineiam possibilidades de resistência e de saída dos dispositivos necrogovernamentais por meio da disputa política pelo corpo e pela memória de M-8. A partir delas, é possível extrair indicações iniciais sobre as insubmissões capilares, moleculares, que franqueiam a fantasia da totalidade autoidêntica do Povo.

Dizíamos, acima, que o luto não é um afeto individual. Ele coloca em questão o indivíduo ao fazê-lo se confrontar com a precariedade fundamental da existência e dos seus referenciais simbólicos e imaginários de subjetivação. Mas o luto não se restringe ao espaço privado de uma suposta individualidade psíquica também porque é a partir da relação com o outro, no espaço social, que o sujeito pode encontrar um suporte para o luto.[48] Na cena do sepultamento de Ofélia, em um dos atos de *Hamlet*, de Shakespeare, Lacan sublinhou que o desejo – obstruído, sempre diferido – de Hamlet, submisso ao mandato de vingança decretado pelo fantasma do pai, pôde começar a se abrir quando este reconheceu nos lamentos e no choro convulsivo de Laertes, irmão da finada, que seu objeto de amor, Ofélia, estava perdido.[49] Para Hamlet, Laertes, o outro, seu semelhante, funcionou como suporte para um luto que não lhe teria sido comunicado de outra

---

48   Sandra Leticia Berta, *O exílio: vicissitudes do luto, reflexões sobre o exílio político dos argentinos (1976–1983)*, 2007.

49   Jacques Lacan, *O seminário – livro 6: o desejo e sua interpretação* [1958–1959]. Rio de Janeiro: Zahar, 2016.

maneira. Para Maurício, esse suporte foi exercido pelo movimento de mães e familiares de vítimas da violência policial, de cujas manifestações públicas o estudante participa. O contato com o luto das mães é o ponto de partida da longa jornada de Maurício atrás de respostas para os enigmas que secretam do corpo de M-8: quem é esse morto cujos traços são reconhecíveis em todos os outros mortos representados nas fotos e cartazes agitados por aquelas mães? Qual foi o seu nome? Que história percorreu até que seu corpo passasse a jazer no anatômico universitário? M-8 mobilizava o desejo de quais pessoas? Teve um amor? A multiplicação das perguntas são índice de que, para Maurício, M-8 ganha vida, uma vida *après-coup*, conquistada na e pela morte. O que antes se apresentava como uma peça para o gozo da ciência, condenada ao descarte logo que perdesse a utilidade, convertia-se em uma vida cuja morte era sentida como falta por alguém em algum lugar, como atestava o luto daquelas mães que Maurício encontrou.

São frequentemente as mães que encabeçam os movimentos de familiares, valendo-se da condição de maternidade como elo entre mães presentes e ausentes, passadas e futuras, atuais e virtuais, sem deixar de englobar os outros ativistas, familiares ou não, de todos os gêneros, reconhecidos sob o significante "mãe".[50] Mães do Acari, Mães de Maio, Madres e Abuelas de Plaza de Mayo se somam às mães de outras partes do planeta para transformar o luto impossível de seus filhos e netos em luto político, suportado por cada uma e coletivamente, doméstico ao mesmo tempo que público. Ao trazer o sofrimento vivenciado em casa para as ruas, esses movimentos expõem e também atualizam no espaço social as rupturas provocadas pela violência em suas residências e em seus corpos. Levados para as manifestações e passeatas, pertences do morto – fotos, carteiras de trabalho, documentos de identidade, roupas etc. – adquirem assim um novo estatuto: extraí-

---

50 Adriana Vianna e Juliana Farias, "A guerra das mães: dor e política em situações de violência institucional". *Cadernos Pagu*, n. 37, dez. 2011, pp. 83–85.

dos das suas funções e usos tradicionais, eles perturbam porque testemunham as vidas interrompidas e os vazios que se abriram no seio da comunidade, da casa, das mães, fazendo vacilar a suposta unidade do Povo, que não seria afetada por aquelas mortes desrealizadas.

Atos públicos, julgamentos, reuniões com autoridades, investigações, corres burocráticos, encontro com outros familiares...: nesses esforços renovados de tempos em tempos, a morte foracluída vai se tecendo, ganhando narrativas, memórias, culpados, provas, contexto. Paradoxalmente, porém, a tentativa repetida de dizer algo sobre o morto e sua morte, de contornar sua falta, de dar sentido ao que a necro-governamentalidade buscava abandonar na forma de uma morte nua – tentativa para a qual contribuem os sonhos, as narrativas religiosas, a crença em mensagens enviadas pelo morto via cartas psicografadas ou aparições – produz um resíduo de dor.

> [H]á sempre um resíduo que é anunciado, paradoxalmente, na afirmação da impossibilidade de comunicar plenamente o sofrimento. Frases como "eu não sei como estou aqui", "só quem é mãe sabe", mas também gestos, suspiros, um balançar da cabeça em negativa no meio de uma frase interrompida vão preenchendo as falas com as marcas desse indizível da dor.[51]

No entanto, longe de ser uma barreira instransponível diante da qual restaria a resignação ou a paralisia muda, o trabalho do luto coletivo realizado por essas mães e familiares dão provas de que esse indizível pode impelir ao ato ético-político e impulsionar a invenção de formas de fazer que retornam para o campo social como estratégias inéditas de enfrentamento da melancolização generalizada por meio da elaboração de recursos estéticos e estilísticos, da construção de outros dispositivos de luta.

---

51 Ibid., pp. 108–09.

POST-SCRIPTUM
ESTRATÉGIAS NECROGOVERNAMENTAIS DO GOVERNO FEDERAL PARA A GESTÃO DA PANDEMIA NO BRASIL

Começo a escrever este *post-scriptum* no momento em que as mortes por Covid-19 no Brasil ultrapassam 450 mil. Quando a marca de 100 mil óbitos foi alcançada, alguns veículos de comunicação inventaram formas de representar essa cifra tão espantosa quanto inócua, pois não parecia suficiente para afetar a sensibilidade de parte dos brasileiros a ponto de impelir um maior respeito às medidas sanitárias e a execução de políticas públicas efetivas para o enfrentamento da pandemia. O *Estadão*, por exemplo, em especial Coronavírus de 8 de agosto de 2020, adotou uma dupla estratégia: o montante de mortos por Covid-19 foi comparado à capacidade de público do estádio do Morumbi e da catedral da Sé ou ao número de mortos em acidentes de trânsito no Brasil, assim como às vítimas fatais de outras tragédias brasileiras, como o incêndio no edifício Joelma, em 1974, ou o deslizamento de terra na região serrana do Rio de Janeiro, em 2011.[1]

Em sentido contrário, a começar pela Presidência da República, espraiando-se, em seguida, por outros níveis de governo e por setores da sociedade, multiplicavam-se as estratégias de esvaziamento do significado produzido por aqueles números. Tais estratégias vêm exercendo um papel crucial entre os dispositivos necrogovernamentais de gestão da pandemia no Brasil, particularmente das milhares de mortes, ocorridas sobretudo entre os estratos mais pauperizados da população. Os discursos presidenciais e a ação de

---

1 Fabiana Cambricoli e Felipe Resk, "Brasil chega a 100 mil mortes por Covid; entenda o que pode evitar tragédia maior". *Estadão*, Saúde: Especial Coronavírus, 8 ago. 2020.

alguns órgãos do governo federal, em especial do Ministério da Saúde, atualizam os argumentos deste livro, não apenas porque os reforçam mas, também, na medida em que se pode extrair deles o que de novo a pandemia aportou para a necrogovernamentalidade brasileira, ao menos na esfera federal.

A tendência continuada de crescimento das taxas de contágio e de mortalidade, somada à reação da comunidade científica e de parte da opinião pública nacional e internacional, impedia a simples negação das mortes, incitando a adoção de outra estratégia de gestão simbólica necrogovernamental da pandemia: *a naturalização dos óbitos*. Uma série de declarações de Jair Bolsonaro corroborou essa estratégia, a começar por uma manifestação em 27 de março de 2020, momento em que tínhamos 93 mortos pela doença: "Alguns vão morrer? Vão morrer, lamento, essa é a vida". Dois dias depois, em 29 de março, o presidente da República afirmou: "o vírus tá aí, vamos ter que enfrentá-lo, mas enfrentar como homem, pô, não como moleque, vamos enfrentar o vírus com a realidade, é a vida, todos nós iremos morrer um dia". O mote é retomado em 2 de junho de 2020, quando já haviam sido registradas 31309 mortes provocadas pelo vírus: "a gente lamenta todos os mortos, mas é o destino de todo mundo", frase que se repete quase *ipsis litteris* cinco meses depois, em 10 de novembro de 2020, dia em que o país acumulava 162842 óbitos por Covid-19: "agora, tudo é pandemia [...]. Lamento os mortos, lamento. Todos nós vamos morrer um dia; aqui, todo mundo vai morrer um dia. Não adianta fugir disso, fugir da realidade".

Esses discursos fazem equivaler as mortes por Covid-19 a uma ideia abstrata de morte, uma morte em geral porque natural, sobre o que se baseia um segundo procedimento de equiparação: todos, inclusive o próprio chefe do Executivo federal, estão destinados ao mesmo fim das pessoas falecidas em virtude do vírus. Dessa forma, as condições específicas, muitas delas evitáveis, dessas mortes que Bolsonaro diz lamentar são dissolvidas em um fenômeno natural genérico que iguala a todos, conforme rezam alguns ditos populares: "nem rei nem papa à morte escapa", "a morte é a coroa de todos na terra", "a morte não escolhe nem reis nem pobres" etc. A concepção igualitária da morte disseminada por esse tipo de ditado pertence a um recurso já bastante conhecido da psicologia autoritária, que consiste na substituição da lógica discursiva pela repetição estereotipada de crenças comuns com o propósito de estabelecer uma "similaridade estrutural geral"[2] entre seguidores e líderes, "em vez de dirigir à audiência quaisquer ideias ou emoções que não fossem dos próprios seguidores desde o começo".[3] Tal similaridade é reforçada pela criação de uma série contínua e homogênea dos mortos, dos quais todos participam, desde quem morreu de insuficiência respiratória na fila de espera por vaga na UTI de um hospital público até o presidente da República. Desaparece, desse modo, o fato de que os efeitos e impactos da pandemia são radicalmente diferentes para as pessoas, de acordo com os grupos raciais e as classes sociais a que pertencem.[4]

Em artigo que avalia a variável cor/raça nos boletins epidemiológicos publicados pelo Ministério da Saúde entre 11 de abril e 25 de maio de 2020, os pesquisadores Lúcia Isabel da Conceição Silva, Eduardo Silva de Morais e Mateus Souza dos Santos identificam uma tendência ao aumento do número de óbitos registrados entre a população negra e, ao mesmo tempo, à queda nas mortes entre pessoas brancas, as quais aconteciam em maior quantidade nos momentos iniciais da pandemia. No último boletim analisado pelos estudiosos, o de 25 de maio de 2020, os óbitos entre negros passam a ser 25,25% maiores que entre os brancos.[5] Em termos absolutos, observam, se em 11 de abril de 2020 havia 314 mais óbitos entre as pessoas brancas, em 18 de maio – ou seja, pouco mais

---

2 Theodor W. Adorno, "Antissemitismo e propaganda fascista" [1946], in *Ensaios sobre psicologia social e psicanálise* [1946], trad. Verlaine Freitas. São Paulo: Ed. Unesp, 2015, p. 144.

3 Ibid.

4 A respeito do impacto da pandemia sobre a população carcerária brasileira, recomendamos Fábio Araújo e Fábio Mallart, "Causa mortis determinada: A prisão". *Le Monde Diplomatique Brasil*, 29 abr. 2020.

5 Lúcia Isabel da Conceição Silva, Eduardo S. de Morais e Mateus S. dos Santos, "Covid-19 e população negra: desigualdades acirradas no contexto da pandemia". *Thema*, v. 18, 2020, p. 312.

de um mês depois – já se contabilizavam 1380 óbitos a mais entre a população negra, diferença que não para de avançar, já que, uma semana depois, no boletim de 25 de maio, esse número chegou a 2523.[6] Tais dados levam os pesquisadores a identificar outra diferença que desaparece na seriação homogeneizante veiculada pelo discurso do presidente:

> Os dados mostram que, embora pessoas brancas sejam o maior número de hospitalizações, são as pessoas negras as que mais morrem, o que acirra ainda mais as diferenças entre brancos/as e negros/as. No último boletim divulgado, o número de hospitalizações é bem parecido, com uma ligeira variação de 1%. Porém, o número de mortes entre as pessoas negras é 28% maior.[7]

Ao mesmo tempo, a insistência no uso de expressões como "não adianta fugir da realidade", "é o destino de todo mundo", "vamos enfrentar o vírus com a realidade" contribui para dar consistência à tese de que as mortes por Covid-19 independem das escolhas políticas, das conjunturas sociais, das medidas sanitárias adotadas, pois são fatos tão inelutáveis e necessários quanto os fenômenos naturais. Diante deles, e eis o corolário desse estratagema de naturalização veiculado pelos discursos do governo federal brasileiro, resta ter paciência e esperar: "Vamos enfrentar o vírus. Vai chegar, vai passar. Infelizmente algumas mortes terão. Paciência, acontece, e vamos tocar o barco", afirmou o presidente em 27 de março de 2020; a mesma ideia foi reiterada em 20 de abril, quando disse em uma entrevista em frente ao Palácio da Alvorada: "O vírus vai atingir 70% da população, infelizmente é uma realidade". Oblitera-se, assim, que a tal espera paciente foi deliberada pelo governo federal como política sanitária orientada pela estratégia da "imunização de rebanho" sem vacinas, como sugere uma das linhas de investigação adotadas pela CPI da Covid. A ultrarrealidade atribuída à

---

6   Ibid.
7   Ibid., p. 313.

morte como fato natural implicou a desrealização das mortes pela epidemia no Brasil.

Neste livro, tratamos da desrealização *dos mortos* como efeito de um processo abrangente que envolvia procedimentos e etapas diversas de dessubjetivação. O ponto culminante desse processo era o desaparecimento do morto, sua conversão em uma espectralidade testemunhada por cadáveres identificados por nomes genéricos ou apenas por números. A gestão necrogovernamental da pandemia no Brasil recupera a generalização dos mortos como meio de produzir o desaparecimento não tanto do cadáver quanto das mortes. Agora, o que se procura desrealizar é a *especificidade* da morte, o fato de que sua causa foi o novo coronavírus, sob condições decorrentes da gestão federal da pandemia. Para tanto, vale-se da naturalização das mortes, de sua equiparação a uma morte genérica que também iguala genericamente todos os falecidos.

Que o presidente da República tenha mantido o tom de seu discurso ao longo de todos esses meses, a despeito do crescimento exponencial do número de mortos, não pode ser tomado como uma demonstração de insensibilidade ou de perversidade, como se apressaram em diagnosticar alguns dos patologistas psíquicos sempre de plantão. O que parece estar em jogo é outro aspecto dessa estratégia de desrealização dos mortos por Covid-19 que se soma à naturalização dos óbitos: a criação de uma *economia das sensibilidades* articulada à *privatização da morte*.

Há uma política das sensibilidades nisto que à primeira vista pode parecer pura insensibilidade. Desde suas primeiras intervenções em contexto pandêmico, Bolsonaro não deixou de expressar pesar pelas mortes provocadas pelo Covid-19, mas o fez dentro do quadro da equivalência desses óbitos com a morte em geral. Dito de outro modo, ele o fez na medida em que essas mortes são como qualquer outra morte, então o que nelas se lamenta não é diferente de qualquer lamento por uma morte. Elas não afetam mais o Brasil que os milhares de óbitos registrados diariamente nos cartórios brasileiros. Essa perspectiva é acentuada em 7 de janeiro de 2021, quando o presidente declara: "No mais, pessoal, a vida continua. A gente lamenta, hoje, tamos batendo aí 200 mil mortes, muitas dessas mortes com Covid, outras de Covid, não temos uma linha de corte no tocante a isso daí. Mas, a vida continua. A gente lamenta...". "Paciência", "vai passar", "a vida continua", "a gente lamenta..." são expressões que evocam situações cotidianas de manifestação de pesar e figuram como conselhos dados a um terceiro que sofreu uma perda sobre a qual nada se pode fazer a não ser esperar que o tempo cure, como, aliás, nos lembra outro dito popular.

Reitera-se, assim, a afirmação da morte como destino inelutável e, com isso, a desimplicação do governo federal, a quem caberia apenas lamentar e aconselhar o outro a resistir até que tudo naturalmente passe. Afinal, em relação a essas mortes, o que mais se poderia exigir do presidente da República e dos demais responsáveis pelo enfrentamento da pandemia? "Quer que eu faça o quê? Eu sou Messias, mas não faço milagre", respondeu Bolsonaro a um jornalista que o incitava a reagir diante do recorde diário de mortes conquistado naquele 20 de abril de 2020, e tantas vezes superado nos meses seguintes. Nesse mesmo dia, o presidente retrucava a uma jornalista: "Eu não sou coveiro, tá?". Diante do número ascendente de mortes por Covid-19, Bolsonaro reconhecia naquele momento duas alternativas: ou um tratamento sobrenatural – o milagre – ou sua redução a fato natural, que se apreende na referência aos coveiros. Claro, nenhuma delas competia a ele ou ao restante do governo federal.

A desresponsabilização política do governo se prolonga na sobrerresponsabilização privada dos indivíduos pelos próprios cuidados durante a pandemia. Em cima disso, o capitalismo neoliberal brasileiro deitou e rolou. Seguradoras obtiveram lucros exponenciais,[8] empresas de plataforma on-line cresceram enormemente graças à exploração maciça da força de trabalho, mais ou menos qualificada, serviços funerários particulares funcionaram a todo vapor, operadores de ações

---

8 Ver Deborah Fromm, "Mercados de proteção e 'economização' da incerteza no Brasil em tempos de pandemia". *Dilemas*, Reflexões na Pandemia (seção excepcional), 2020.

sorriam largo nos pregões.[9] Longe do banquete de uns poucos, uma massa de brasileiros largados à própria sorte morria diariamente por Covid-19, mesmo que alguns tenham sido submetidos aos protocolos de "tratamento precoce" com hidroxicloroquina, o santo do qual o governo Bolsonaro esperava em vão um milagre. Sustentando nos próprios ombros o fardo do adoecimento e da morte de familiares, mães e pais, filhas e filhos, irmãs e irmãos precisaram transportar pacientes em estado gravíssimo em táxis pagos com vaquinhas comunitárias, improvisar áreas de isolamento de cadáveres em habitações precárias, chorar diante de sepulturas coletivas abertas às pressas por funcionários cansados e precarizados, nos cemitérios de massa do Brasil afora.[10]

A pregação presidencial em prol de uma sensibilidade paciente e resignada frente à inelutabilidade da morte, dentre as quais as mortes por Covid-19, guarda semelhanças com o que antes designamos melancolização generalizada. Contudo, desta vez, essa melancolização parece se voltar para sua própria matriz, a sensibilidade necrogovernamental brasileira durante a pandemia, pois é o chefe do Executivo quem atesta a impossibilidade de se fazer qualquer coisa para alterar a tendência ao crescimento das estatísticas de contágio e mortalidade.

Insubordinações, críticas, revoltas, manifestações de repúdio, discordâncias técnicas e científicas em relação ao governo federal, tudo isso passa a ser classificado pelo presidente da República como terrorismo, alarmismo, fantasia, histeria, pânico. No fim das contas, essas patologias da supersensibilização com as mortes são a verdadeira ameaça contra a nação. "Se o 'fiquem em casa, a economia a gente vê depois', fosse aplicado no campo, teríamos desabastecimento, fome, miséria e problemas sociais", enfatizou Bolsonaro em 18 de novembro de 2020. O governo federal brasileiro sempre se

---

9 Ver Ilan Lapyda, "Cotações da morte". *A Terra é redonda*, 30 abr. 2021.

10 Ver Fábio Araújo, Flávia Medeiros e Fábio Mallart, "As valas comuns: imagens e políticas da morte". *Dilemas*, Reflexões na Pandemia (seção excepcional), 2020, pp. 1–12.

posicionou veementemente contrário às políticas de isolamento adotadas por prefeitos e governadores, defendendo, no lugar delas, o chamado isolamento vertical, no qual apenas os grupos de risco são mantidos fora da circulação social. Porém, a suposta melancolização do governo é uma das faces de uma moeda cujo anverso celebra a exacerbação de uma sensibilidade patriarcal que a psicanálise lacaniana descreve como a lógica propriamente masculina de inscrição da satisfação pulsional em nossas sociedades. Essa lógica, que Lacan afirmava não ser dependente da sexualidade cromossomicamente condicionada, se orienta pela suposição da existência de algo ou alguém – ideia, pessoa, instituição etc. – que goza porque se situa como uma exceção à impossibilidade radical de fazer o ser coincidir com sua verdade, impossibilidade que é um dos nomes para o que o psicanalista francês entendia por castração.[11] Em outras palavras, a sensibilidade patriarcal buscaria realizar precariamente, posto que sempre em defasagem com seu horizonte ideal, as aspirações de completude, de totalização, alimentadas pela fantasia de que se fazer Um-todo é possível. As consequências políticas e institucionais do agenciamento desse tipo de sensibilidade pelo discurso presidencial são inúmeras. Dentre elas, a *foraclusão*, isto é, a expulsão simbólica de toda experiência de indeterminação, de precariedade identitária, que, como vimos no livro, são tornadas possíveis pelo trabalho do luto.

Tal sensibilidade masculina é catalisada em inúmeras declarações de Bolsonaro. No dia 29 de março de 2020, ele diz que as pessoas precisam enfrentar o vírus como homens. A essa atitude viril, o presidente contrapõe o que ele denomina frescura, mimimi, como deixa explícito em 4 de março de 2021: "Nós temos que enfrentar os nossos problemas. Chega de frescura, de mimimi. Vão ficar chorando até quando?". Afinal, vociferava Bolsonaro em 10 de novembro de 2020, o Brasil "tem que deixar de ser um país de maricas". Essas frases normalmente acompanhavam a defesa categórica da manutenção regular

---

11 Ver Vladimir Safatle, *Maneiras de transformar o mundo: Lacan, política e emancipação*. Belo Horizonte: Autêntica, 2020.

das atividades econômicas do Brasil, em oposição aos *lockdowns* e às políticas de isolamento social, identificadas como "ditatoriais" por Bolsonaro.

A tristeza pela perda de um familiar ou amigo, o medo de sair para trabalhar quando as taxas de contaminação se multiplicam, a preocupação com a própria saúde, a angústia provocada pelas incertezas sanitárias, econômicas e sociais são sentimentos foracluídos pela sensibilidade masculina propugnada pelo discurso presidencial como a única capaz de evitar crises ainda mais desastrosas para o país. Em 18 de novembro de 2020, na mesma ocasião em que elogiava os trabalhadores rurais por não terem aderido ao isolamento social, Bolsonaro se valeu da autoridade bíblica para defender essa sensibilidade masculina: "Parabéns a vocês, que não se mostram frouxos na hora da angústia, como diz, aqui, a passagem bíblica". A inspiração veio do versículo 10, capítulo 24, dos *Provérbios*, que textualmente adverte: "Se te mostrares frouxo na hora da angústia, a tua força será pequena". Com isso, produz-se a inversão calculada do agente necropolítico, que passa a ser localizado do lado dos que se afetam com a pandemia, sofrendo e/ou apoiando as medidas protetivas contra o vírus, razão pela qual são acusados pelo presidente de criar as condições para fazer morrer de fome e de miséria a população. Não por acaso, Bolsonaro dirige a essas pessoas os mesmos epítetos desqualificadores com os quais se refere a outro grupo considerado pelo governo bolsonarista um risco à nação: os LGBTQI+.

Finalmente, outra estratégia necrogovernamental para a gestão da pandemia no país consistiu na *desqualificação sistemática de dados e indicadores epidemiológicos*. Em capítulos anteriores, vimos que a necrogovernamentalidade trabalha invisibilizando ou desaparecendo com informações a respeito de algumas mortes. No Brasil, o discurso presidencial colocou em questão a confiabilidade dos dados sobre o alcance do novo coronavírus. Em junho de 2020, Bolsonaro escreveu em uma de suas redes sociais: "Ao acumular dados, além de não indicar que a maior parcela já não está com a doença, não retratam o momento do país". A suspeita lançada sobre a capacidade dos dados de relatar fielmente o país reaparece no já

143

citado discurso realizado em janeiro de 2021, em que o presidente anuncia: "A gente lamenta, hoje, tamos batendo aí 200 mil mortes, muitas dessas mortes com Covid, outras de Covid, não temos uma linha de corte no tocante a isso daí". Por meio da intencional ênfase na confusão preposicional entre "com" e "de", o chefe do Executivo federal fomenta sutilmente a desconfiança sobre a precisão das informações coletadas pelos sistemas de vigilância sanitária. Artifício retórico semelhante ao usado em 2020, no momento em que o presidente anunciava a alteração nas políticas de divulgação dos dados relativos ao Covid-19 pelo Ministério da Saúde: "Tem que saber quem perdeu a vida por causa da Covid ou com Covid. Às vezes a pessoa tem dez comorbidades, 94 anos, e pegou o vírus. Potencializa". Novamente, o presidente promove uma inversão tática: as estatísticas alteram a realidade, servindo para fomentar a "histeria", o "alarmismo", o "terrorismo", o "pânico", enquanto suas declarações no sentido de naturalizar as mortes reduzidas a mortes genéricas são as únicas capazes de retratar fidedignamente a situação da pandemia no Brasil.

Aqui, a necrogovernamentalidade emaranha-se com outra estratégia do autoritarismo bolsonarista: a política do negacionismo científico, vinculada à desqualificação do trabalho, das instituições e dos saberes científicos, e que surfa na onda da crise dos especialistas, como diagnosticou Tatiana Roque.[12] Lançar suspeitas sobre a confiabilidade dos dados é consequência de um processo mais abrangente e complexo de contestação do conhecimento científico em nome da opinião pessoal, estratégia que, segundo constatou essa pesquisadora, combina a construção de falsas controvérsias públicas a respeito do que é solidamente sustentado pela comunidade especializada com a proliferação de teorias conspiratórias, o uso de mídias alternativas etc.[13] Ao dizer que as estatísticas sobre a Covid-19 no Brasil distorcem a realidade brasileira por não haver "uma linha de corte no tocante a isso daí" – isto é, à distinção entre mortes causadas direta ou indiretamente pelo vírus –, Bolso-

---

12 Tatiana Roque, "A queda dos experts". *Piauí*, n. 176, 2021.
13 Id., "O negacionismo no poder". *Piauí*, n. 161, 2020.

naro desrealiza essas mortes em nome de outra realidade, à qual todos têm acesso pela própria experiência imediata: todos vão morrer, por isso é preciso seguir com a vida.

Foi nesse cenário que o Ministério da Saúde alterou, no início de junho de 2020, sua política de divulgação dos dados acumulados sobre o Covid-19 no Brasil. Entre os dias 5 e 6 daquele mês, foram apagados da plataforma do ministério os números consolidados que indicavam o impacto da pandemia no país desde o registro do primeiro caso de Covid-19, em fevereiro de 2020. Dali em diante, a pasta apenas publicaria os casos e mortes confirmados nas últimas 24 horas. Com isso, também foram eliminados do boletim diário do ministério "o total de casos confirmados, os casos em acompanhamento, o total de pessoas recuperadas da doença, o total de óbitos confirmados e as mortes sob investigação".[14] Tais alterações não foram abruptas, mas vinham sendo anunciadas por um conjunto de medidas, entre as quais a diminuição da frequência e a mudança na forma das entrevistas concedidas pelo ministério, além da desatualização das plataformas oficiais do governo. De tudo isso, o ponto mais explícito da estratégia de desqualificação dos dados e de desaparecimento das mortes consistiu na mudança de tom acerca da pandemia, planejada e executada com o auxílio da Secretaria Especial de Comunicação Social da Presidência da República (Secom). Enquanto os dados referentes às mortes desapareciam ou apareciam incompletos, quando não desatualizados, o Ministério da Saúde, em junho de 2020, passou a divulgar o Placar da Vida. Feito pelo perfil da Secom nas redes sociais, ele continha apenas informações sobre os pacientes infectados, em tratamento e curados.[15] Assim, em consonância com os discursos presidenciais, uma campanha publicitária envolvendo a pasta da Saúde tratou de amplificar as estratégias de desrealização das mortes, valendo-se, para tanto,

---

14 Everton L. Batista, "Veja quais são os dados sobre coronavírus que governo vem retirando de divulgações". *Folha de S.Paulo*, Saúde, 6 jun. 2020

15 Ibid.

da ênfase no número de pacientes restabelecidos, como se o vírus não fosse tão letal quanto a suposta histeria científica pretendia sustentar. Em termos semelhantes aos nossos, o Conselho Nacional de Secretários da Saúde afirmou, em nota de 6 de junho de 2020, que o governo Bolsonaro tentava dar "invisibilidade" aos mortos pela doença.[16]

Apenas quatro dias depois do chamado "apagão dos dados", o governo federal teve de recuar, atendendo à decisão do ministro Alexandre de Moraes, do Supremo Tribunal Federal, que determinava a retomada do formato tradicional de divulgação das informações sobre a Covid-19 no Brasil. Isso não impediu que as estratégias de desrealização das mortes avançassem para outras frentes de batalha na opinião pública, como atestam os discursos presidenciais citados. Uma nova tentativa de desaparecer com os números de óbitos por Covid-19 envolvendo o Ministério da Saúde se deu em 23 de março de 2021, quando o Brasil registrava pela primeira vez mais de 3 mil mortes pela doença em um único dia. Dessa vez, passou--se a exigir, no sistema de notificação de óbitos, a inclusão de informações como CPF, cartão SUS, registro de estrangeiro e se a pessoa havia recebido alguma vacina contra a Covid-19.[17]

De imediato, exigir mais dados nos registros dos óbitos por Covid-19 aparenta estar em acordo com os princípios democráticos da transparência de informações e da *accountability*. Além disso, tais mudanças propostas pelo governo supostamente iriam ao encontro de demandas da sociedade civil por ampliação de indicadores sobre a pandemia no Brasil, como foi o caso da inclusão da variável cor/raça nos boletins e em outras plataformas oficiais do Ministério da Saúde, que só ocorreu em virtude da pressão de organizações de saúde e movimentos negros.[18] Contudo, ao ser operada pelo

---

16 Ibid.

17 Rodrigo Gomes, "Governo Bolsonaro altera notificação de mortes por Covid-19 para derrubar números". *Rede Brasil Atual*, Saúde e Ciência, 24 mar. 2021.

18 Ver L. I. Conceição Silva, E. S. Morais e M. S. Santos, "Covid-19 e população negra", op. cit.

governo por meio dos dispositivos de necrogovernamentalização da pandemia no Brasil, a inclusão de mais informações nos relatórios sobre falecimentos visava burocratizar e retardar a confirmação de novas mortes por Covid-19, contribuindo para a desrealização dos óbitos e para a minimização do impacto da pandemia na população brasileira. Horas após o anúncio dessas medidas, a pressão social levou o Ministério da Saúde a desistir de pôr em prática tais alterações.

Os níveis inferiores da estrutura governamental de gestão da saúde também cooperam com a necrogovernamentalização da pandemia por meio de processos de desrealização das mortes articulados às rotinas institucionais regulares e extraordinárias – estas últimas, construídas para responder ao "tempo presente da urgência e da excepcionalidade imposto pela pandemia [...]", na expressão das pesquisadoras Liliana Sanjurjo, Larissa Nadai e Desirée Azevedo.[19] Aos recorrentes problemas de preenchimento de formulários, omissão de informações e ambivalência de dados, amplamente discutidos em capítulos anteriores, adicionam-se as subnotificações de óbitos por Covid-19. Estas são tributárias da deficiência das políticas de testagem, das dificuldades de acesso à assistência de saúde, da indisponibilidade de exames laboratoriais e das orientações para não realização de necropsias invasivas no caso de mortes suspeitas, por exigirem equipamentos altamente tecnológicos quase nunca acessíveis nos IML e Serviços de Verificação de Óbito (SVO)[20] dos estados ou mais tempo e pessoal para proceder com a autopsia verbal proposta pela Organização Mundial de Saúde. Tudo isso se torna ainda mais problemático quando vinculado à estratégia de desimplicação do governo federal e sua defesa da imunização de rebanho. A superlotação das UTI alimenta a superlotação dos cemitérios, não sem antes passar pela lota-

---

19 Liliana Sanjurjo, Larissa Nadai e Desirée Azevedo, "Corpos, tempo e instituições: um olhar sobre os cemitérios na pandemia de Covid-19". *Dilemas*, Reflexões na Pandemia (seção excepcional), pp. 1–16, 2020.
20 Ibid.

ção nos IML e SVO, fazendo colapsar a estrutura institucional responsável pela realização de exames necroscópicos e atestação do óbito. A macabra profecia de um funcionário do SVO de São Paulo, publicada em 27 de março de 2020, não para de se realizar: "não vai ter laudo".[21]

Não por acaso, a subnotificação das mortes, a indeterminação das causas do óbito e a ausência de laudos atingem justamente aqueles grupos sociais que vimos serem os mais afetados pela pandemia: os negros e pobres, moradores de áreas periféricas do país. Tudo se passa como se essa população fosse acometida por um duplo processo de desrealização da morte: um que incide naturalizando os falecimentos, inscrevendo-os em uma mesma série homogeneizante na qual se convertem em mortes equivalentes a qualquer outras; e outro, articulado a esse primeiro, que identifica o óbito como uma morte indeterminada, deixando-o suspenso em uma zona indecidível projetada para a desqualificação das estatísticas pelo discurso presidencial.

Lamentavelmente, grande parte dessas mortes por Covid-19 jamais será reconhecida pelas estatísticas oficiais. Se "entrar em estatística" era uma forma possível de existência dos corpos não identificados e não reclamados, como notou a antropóloga Letícia Ferreira nos registros com que deparou em sua pesquisa sobre o IML-RJ,[22] a necrogovernamentalização da pandemia altera essa possibilidade ao retirar as mortes indecidíveis dos dados oficiais, lançando-as na vala comum da equivalência geral com qualquer outra morte.

O destino desses cadáveres mortos por "causa indeterminada" se encontra com o daqueles que povoaram a vala clandestina do cemitério de Perus, na qual, lembremos, o Estado ocultou as mortes decorrentes de outras epidemias e do acesso

---

21 Anna Beatriz Anjos e Bruno Fonseca, "Sem teste para coronavírus, mortes em serviço de óbitos de São Paulo são registradas como 'causa indeterminada'". *Pública*, Especial Coronavírus, 27 mar. 2020.
22 Letícia C. M. Ferreira, *Dos autos da cova rasa: identificação de corpos não identificados no Instituto Médico-Legal do Rio de Janeiro, 1942–1960*. Rio de Janeiro: e-papers/Laced-Museu Nacional, 2009.

precário, quando existente, à saúde, bem como com os dos corpos de outras mortes desrealizadas seja pela ação violenta do Estado por meio das forças policiais, seja pela precarização capitalista da vida, submetida a condições de existência no limiar da morte, seja ainda pela articulação entre ambas.

Diante das estratégias da necrogovernamentalização da pandemia brasileira mobilizadas pelo governo federal – algumas delas novas, outras, nem tanto, posto que recuperadas de fases precedentes da história dos dispositivos necrogovernamentais no país –, urge inventar contraestratégias políticas e estéticas. Se, por um lado, as estatísticas precisam ser criticadas na medida em que podem servir para não contar, para desrealizar os mortos, reduzindo-os a números abstratos, por outro, elas também são capazes de cumprir uma função determinante na singularização dos mortos, contando o que o governo não quer contar nem numericamente – ao derrubar dados ou alterar, do dia para a noite, as políticas de registro de óbitos – nem narrativamente – ao insistir na naturalização das mortes por Covid-19. Por isso, disputar – como fizeram diversos movimentos negros – as categorias de registro de óbitos, criar mecanismos próprios para a contabilização dos mortos, assim como inventar formas estéticas de sensibilização social para os números da pandemia no Brasil, não exclui, mas se associa a outras estratégias que se concentram em singularizar os mortos ao contar as vidas que tiveram, as relações que estabeleceram e o legado que deixaram.[23]

Finalizo este escrito com 463 mil mortes registradas por Covid-19 no Brasil.

---

23 Para análise de algumas estratégias estético-políticas criadas como contrarresistência à política de desrealização, ver Fabiana A. A. Jardim, "Dos gestos (e imagens) necessários à afirmação da vida: cultura, política, práticas de memória e pandemia". *Dilemas*, Reflexões na Pandemia (seção excepcional), 2020.

POSFÁCIO
O PODER DE DESAPARECER

VLADIMIR SAFATLE

Este livro de Fábio Luís Franco é resultado de um trajeto acadêmico singular que se inicia com a reflexão sobre a potência normativa da vida em sua confrontação com a morte e com a doença. Partindo da filosofia da ciência de Georges Canguilhem e Henri Atlan, Franco perguntava-se, em seus trabalhos anteriores, se o vitalismo que devemos associar a essa corrente não seria melhor compreendido como um "vitalismo negativo" – pois a dinâmica de potência normativa que tais autores procuravam descrever seria incompreensível sem a dialética rigorosa que inclui a doença e a morte como valores negativos responsáveis pela produção de anomalias e metamorfoses, capazes de estabelecer novas normatividades. Ou seja, a pesquisa de Franco a respeito dos fenômenos vitais mostrava como o exercício da potência depende de uma concepção dinâmica alargada, resultante, como dizia Hegel, da capacidade de não se deixar tomar pelo medo diante do negativo, mas de saber torná-lo ser.

Com uma análise dessa natureza, era de se esperar que Fábio Franco continuasse suas pesquisas epistemológicas acerca da reflexão filosófica sobre as ciências da vida. No entanto, esse era apenas o passo inicial para um movimento mais ousado e múltiplo, a saber, aquele que nos leva à verdadeira cena do poder político. Cena essa que ilumina, em um processo duplo, tanto as relações efetivas do capitalismo mundial como o passado e o presente desse laboratório necropolítico privilegiado que sempre foi o Brasil. É essa cena que Franco nos apresenta aqui.

Na passagem da epistemologia à filosofia política nota-se uma inversão importante. Se, no primeiro caso, era possível entender como, a partir do jogo contínuo e arriscado com valores negativos, a vida produz, no segundo caso há *algo* que separa a vida da morte, algo que se impõe como uma força suplementar que visa a fazer da morte o cerne da paralisia social, que visa a produzir, a partir dela, afetos sociais como melancolia e medo. Esse *algo* não é outro que o poder político de Estado, um poder que impede que os organismos, como dizia Freud, possam morrer à sua maneira.

As práticas efetivas de gestão nunca foram uma questão de otimizar a produção ou de impulsionar a riqueza social. Antes, foram um modo de extrair a servidão e espoliar o trabalho com base no desenvolvimento burocrático do desaparecimento. A gestão social funda-se na partilha entre quem deve ser protegido e quem deve estar a todo momento a ponto de desaparecer, quem deve ser lembrado da precariedade de sua visibilidade. Há aqueles corpos muito próximos da invisibilidade, muito próximos da morte, sem lágrimas e sem luto possível. É sobre eles que o poder atua preferencialmente. São eles que o poder espolia em regime máximo.

Nesse sentido, se o trabalho de Franco se insere na leva contemporânea de estudos sobre a necropolítica, ele também traz a essas reflexões dois elementos inovadores. Primeiro, sabemos que a tópica da necropolítica aparece para dar conta de um dos pontos cegos do projeto de Michel Foucault a respeito da genealogia do poder, a saber (e isso não é exatamente uma surpresa), o caráter produtor das práticas coloniais. É nas zonas coloniais que se desenvolvem as técnicas de "gerenciamento de crise" a serem aplicadas nos países centrais posteriormente.

Sabendo disso, lembremos como o colonialismo coloca--se claramente e desde seu início como sujeição pela gestão do desaparecimento e da morte. Isso vale tanto para o pior de todos os desaparecimentos, esse que se perpetua em vida pela redução da humanidade à mercadoria por meio do tráfico escravista, como para a prática contínua da violência física, psíquica e cultural. Sem desconhecer nem desconsiderar essa matriz histórica, Franco concentra-se no giro contemporâneo da necropolítica ao aprofundar o eixo que une as práticas contrainsurrecionais desenvolvidas pelas potências coloniais na segunda metade do século xx àquelas das ditaduras latino-americanas.

Sabemos como as práticas de terror desenvolvidas na guerra contrainsurrecional foram exportadas para as ditaduras latino-americanas nos anos 1970. Assim, elas se tornaram laboratórios para a ampliação de uma lógica contrarrevolucionária agora aplicada ao conjunto da população. Foi dessa forma que apareceu claramente uma geopolítica do desaparecimento e do terror que unia colônias antigas e recentes – um sistema de exportação de técnicas de tortura e morte administrativa.

Aqui aparece outro ponto cego do projeto genealógico de Foucault que Fábio Luís Franco sabe efetivamente explorar. Carl Schmitt, que tinha ao menos a virtude da honestidade, costumava dizer: "Palavras como Estado, república, sociedade, classe e ademais: soberania, Estado de direito, absolutismo, ditadura, plano, Estado neutro ou total etc. são incompreensíveis quando não se sabe quem deve ser, *in concreto*, atingido, combatido, negado e refutado com tal palavra".[1] É daqui que deveria partir todo projeto genealógico. Em vez de descrever o desenvolvimento das tecnologias de poder, dos dispositivos de disciplina, segurança e controle a partir de seu aprofundamento técnico, seria o caso de explicitar a história material das revoltas e insurreições que obrigam o poder a estender seus mecanismos. Toda história do poder é construída a partir de uma outra história. No caso, a história das insurreições que ele procura sufocar, impedir que se alastrem. São assim as histórias das lutas anticoloniais e das sublevações populares que aparecem na contraluz de *Governar os mortos*. E isso é justamente o que unificará todo o "terceiro mundo" na geopolítica do desaparecimento.

Por fim, o livro de Fábio Franco não deixa de mostrar de que maneira tais reflexões aparecem como condição para compreender o tipo de experimento social que o Brasil se tornou na atual pandemia. O que impressiona, no caso brasileiro,

---

1 Carl Schmitt, *O conceito de político: teoria do partisan* [1932], trad. Geraldo de Carvalho. Belo Horizonte: Del Rey, 2009, p. 32.

não é apenas o número terrível de mortos, mesmo ao levar em conta apenas os notificados. O que de fato impressiona é a ausência de luto, é a mecânica da indiferença social, é a recusa das lágrimas. Isso não seria compreensível se neste país de "contrarrevolução preventiva", como dizia Florestan Fernandes, não estivesse a operar uma política sistemática de desaparecimento e dessensibilização que nos acompanha como uma sombra que luz alguma apaga. O que Franco propõe é que, se quisermos saber como chegamos até aqui, comecemos por olhar mais uma vez as valas do cemitério de Perus e seus "terroristas" sem nome e sem identificação. Essa governamentalidade é uma só, não por acaso feita exatamente pelos mesmos atores. Eis a força de uma teoria crítica que decide inquirir o poder a partir da periferia – que, como todo mundo sabe, é apenas o lugar onde as explicitações se dão.

VLADIMIR SAFATLE é filosofo, músico e professor titular do departamento de Filosofia da FFLCH-USP, onde leciona desde 2003. É um dos coordenadores do Laboratório de Pesquisas em Teoria Social, Filosofia e Psicanálise (Latesfip/USP), autor de *Maneiras de transformar mundos: Lacan, política e emancipação* (Autêntica, 2020), *Introdução a Jacques Lacan* (Autêntica, 2017) e *O circuito dos afetos: corpos políticos, desamparo e o fim do indivíduo* (Autêntica, 2016), e coordenador da coleção Explosante na Ubu.

AGRADECIMENTOS

Este livro não existiria se não fosse a autoria compartilhada com minhas amigas e meus amigos, que escreveram, abraçaram, acolheram, apontaram críticas, revisaram, brindaram, cuidaram, militaram. A todas e todos vocês, minha eterna gratidão. Agradeço especialmente a Daniel Nagase e a Dario de Negreiros, que leram as primeiras versões deste trabalho, dando provas de que o autor é, frequentemente, o que menos conhece sua própria tese.

Agradeço, também, a Vladimir Pinheiro Safatle, que orientou esta pesquisa, e a todos os que a inspiraram, especialmente a Adriana de Resende Barreto Vianna, Christian Ingo Lenz Dunker, Nelson da Silva Júnior, James Casas Klausen, Marilena de Souza Chaui, Nilton Ken Ota, Paulo Eduardo Arantes e Sérgio Adorno.

Agradeço à Fundação de Amparo à Pesquisa do Estado de São Paulo (Fapesp) pela bolsa de doutorado que financiou a realização da primeira parte desta pesquisa, a qual, atualmente, se prolonga graças à bolsa de pós-doutorado do International Research Group on Authoritarianism and Counter-Strategies of the Rosa Luxemburg-Stiftung.

REFERÊNCIAS BIBLIOGRÁFICAS

ADEBANWI, Wale. "Death, National Memory and the Social Construction of Heroism". *The Journal of African History*, v. 49, n. 3, 2008, pp. 419–44.

ADORNO, Theodor W. "Antissemitismo e propaganda fascista" [1946], in *Ensaios sobre psicologia social e psicanálise*, trad. Verlaine Freitas. São Paulo: Ed. Unesp, 2015.

AGAMBEN, Giorgio. *Homo sacer: o poder soberano e a vida nua I* [1995], trad. Henrique Burigo. Belo Horizonte: Ed. UFMG, 2002.

___. *Meios sem fim: notas sobre a política* [1996], trad. Davi Pessoa Carneiro. Belo Horizonte: Autêntica, 2015.

___. *Estado de exceção* [2003], trad. Iraci Poletti. São Paulo: Boitempo, 2004.

___. "O que é um dispositivo?", trad. Nilceia Valdati. *Outra Travessia*, n. 5, 2005, pp. 9–16.

___. *O que resta de Auschwitz: o arquivo e a testemunha* [1998], trad. Salvino J. Assmann. São Paulo: Boitempo, 2008.

___. *Signatura rerum: sur la méthode* [2008]. Paris: J. Vrin, 2009 [ed. bras.: *Signatura rerum: sobre o método*, trad. Andrea Santurbano e Patrícia Peterle. São Paulo: Boitempo, 2019].

___. *O reino e a glória: uma genealogia teológica da economia e do governo – Homo sacer II* [2007], trad. Selvino J. Assmann. São Paulo: Boitempo, 2011.

___. *O aberto: o homem e o animal* [2002], trad. Pedro Mendes. Rio de Janeiro: Civilização Brasileira, 2017.

ALLOUCH, Jean. *A erótica do luto no tempo da morte seca* [1995], trad. Procópio Abreu. Rio de Janeiro: Companhia de Freud, 2004.

ALVES, Maria Helena Moreira. *Estado e oposição no Brasil (1964–1984)*. Petrópolis: Vozes, 1984.

AMPARO-ALVES, Jaime. "Necropolítica racial: a produção espacial da morte na cidade de São Paulo". *Revista da ABPN*. v. 1, n. 3, 2010–11, pp. 89–114.

ANISTIA INTERNACIONAL. *Desapariciones forzadas y homicidios políticos: la crisis de los derechos humanos en los noventa – Manual para la acción.* Madrid: Editorial Amnistía Internacional, 1994.

ANJOS, Anna Beatriz e Bruno FONSECA. "Sem teste para coronavírus, mortes em serviço de óbitos de São Paulo são registradas como 'causa indeterminada'". *Pública*, Especial Coronavírus, 27 mar. 2020. Disponível em: apublica.org/2020/03/sem-teste-para-coronavirus-mortes-em-servico-de-obitos-de-sao-paulo-sao-registradas-como-causa-indeterminada/.

AQUINO, Wilson. "Os generais eram leões, hoje são ratos", 2014. Disponível em: https://istoe.com.br/354771_OS+GENERAIS+ERAM+LEOES+HOJE+SAO+RATOS+/.

ARANTES, Paulo. *Extinção*. São Paulo: Boitempo, 2007.

___. "1964, o ano que não terminou", in E. Telles e V. Safatle (orgs.). *O que resta da ditadura*. São Paulo: Boitempo, 2010, pp. 205–36.

ARAÚJO, Fábio Alves. *Das técnicas de fazer desaparecer corpos: desaparecimentos, violência, sofrimento e política*. Rio de Janeiro: Lamparina, 2014.

ARAÚJO, Fábio e Fábio MALLART. "Causa mortis determinada: a prisão". *Le Monde Diplomatique Brasil*, 29 abr. 2020. Disponível em: diplomatique.org.br/causa-mortis-determinada-a-prisao.

___ e Flávia MEDEIROS. "As valas comuns: imagens e políticas da morte". *Dilemas*, Reflexões na Pandemia (seção excepcional), 2020, pp. 1–12.

ARENDT, Hannah. *Origens do totalitarismo* [1951], trad. Roberto Raposo. São Paulo: Companhia das Letras, 2012.

ARIÈS, Philippe. *História da morte no Ocidente: da Idade Média aos nossos dias* [1975], trad. Pedro Jorão. Lisboa: Teorema, 1988.

___. *O homem diante da morte*, v. 2, [1977], trad. Luiza Ribeiro. Rio de Janeiro: Francisco Alves, 1990.

BAEZA, Paz Rojas. *La interminable ausencia: estudio médico, psicológico y político de la desaparición forzada de personas*. Santiago: LOM, 2009.

BARBOSA, Jonnefer Francisco. *Limiares da política e do tempo na filosofia de Giorgio Agamben*. Tese de doutorado. São Paulo: Faculdade de Filosofia, Comunicação, Letras e Artes – Pontifícia Universidade Católica de São Paulo (PUC-SP), 2012.

BATISTA, Everton L. "Veja quais são os dados sobre coronavírus que governo vem retirando de divulgações". *Folha de S.Paulo*, Saúde, 6 jun. 2020. Disponível em: folha.uol.com.br/equilibrioesaude/2020/06/veja-quais-sao-os-dados-sobre-coronavirus-que-governo-vem-retirando-de-divulgacoes.shtml.

BAUER, Caroline Silveira. *Um estudo comparativo das práticas de desaparecimento nas ditaduras civil-militares argentina e brasileira e a elaboração de políticas de memória em ambos os países*. Tese de doutorado. Porto Alegre: Instituto de Filosofia e Ciências Humanas – Universidade Federal do Rio Grande do Sul (UFRGS), 2011. Disponível em: hdl.handle.net/10183/29576.

BEROUD, Jonathan et al. "Deuil, évolution conceptuelle et nouvelles définitions". *Revue Médicale Suisse*, v. 10, 2014, pp. 565–68.

BERTA, Sandra Leticia. *O exílio: vicissitudes do luto, reflexões sobre o exílio político dos argentinos (1976–1983)*. Dissertação de mestrado. São Paulo: Instituto de Psicologia – Universidade de São Paulo, 2007.

BOTTICI, Chiara. "Rethinking the Biopolitical Turn: From Thanatopolitical to the Geneapolitical Paradigm". *Graduate Faculty Philosophy Journal*. v. 36, n. 1, 2015.

BUTLER, Judith. *Precarious Life: The Powers of Mourning and Violence*. London/ New York: Verso, 2004 [ed. bras.: *Vida precária: os poderes do luto e da violência*, trad. Andreas Lieber, Belo Horizonte: Autêntica, 2019].

____. *Quadros de guerra: quando a vida é passível de luto?* [2009], trad. Sérgio Tadeu de Niemeyer Lamarão e Arnaldo Marques da Cunha. Rio de Janeiro: Civilização Brasileira, 2015.

____. *A vida psíquica do poder: teorias da sujeição* [1997], trad. Rogério Bettoni. Belo Horizonte: Autêntica, 2017.

CALVEIRO, Pilar. *Poder e desaparecimento: os campos de concentração na Argentina* [1998], trad. Fernando Correa Prado. São Paulo: Boitempo, 2013.

CAMBRICOLI, Fabiana e Felipe RESK. "Brasil chega a 100 mil mortes por Covid; entenda o que pode evitar tragédia maior". *Estadão*, Saúde: Especial Coronavírus, 8 ago. 2020. Disponível em: estadao.com.br/infograficos/saude,brasil-chega-a-100-mil-mortes-por-Covid-entenda-o-que-pode-e-vitar-tragedia-maior,1110077.

CANGUILHEM, Georges. *La Connaissance de la vie* [1952]. Paris: J. Vrin, 1975.

____. *Le Normal et le pathologique* [1966]. Paris: PUF, 2007 [ed. bras.: *O normal e o patológico*, trad. Maria Thereza Redig de Carvalho Barrocas. Rio de Janeiro: Forense Universitária, 2015].

CANO, Inácio e Thaís DUARTE (orgs.). *No sapatinho: a evolução das milícias no Rio de Janeiro (2008–2011)*. Rio de Janeiro: Fundação Heinrich Böll, 2012.

CARRARA, Sérgio. "A 'sciência e doutrina da identificação no Brasil', ou, Do controle do eu no templo da técnica". *Boletim do Museu Nacional*, n. 50, 10 dez. 1984.

CASTRO, Edgardo. *Introdução a Giorgio Agamben: uma arqueologia da potência*, trad. Beatriz de Almeida Magalhães. Belo Horizonte: Autêntica, 2012.

CATON, Steven C. "Abu Ghraib and the Problem of Evil", in M. Lambek (org.). *Ordinary Ethics: Anthropology, Language, and Action*. New York: Fordham University Press, 2010, pp. 165–84.

CHAUI, Marilena. *Introdução à história da filosofia: dos pré-socráticos a Aristóteles*. São Paulo: Companhia das Letras, 2002.

CLAUDINO, Marcus Roberto. *Mortos sem sepultura: o desaparecimento de pessoas e seus desdobramentos*. Florianópolis: PalavraCom, 2014.

COMBLIN, José. *A ideologia da segurança nacional: o poder militar na América Latina* [1977], trad. A. Veiga Fialho. Rio de Janeiro: Civilização Brasileira, 1978.

____. "La doctrina de la seguridad nacional", in *Dos ensayos sobre seguridad nacional*. Santiago: Vicaría de la Solidaridad, 1979, pp. 9–206.

CONCEIÇÃO SILVA, Lúcia Isabel da; Eduardo S. de MORAIS e Mateus S. dos SANTOS. "Covid-19 e população negra: desigualdades acirradas no contexto da pandemia". *Thema*, v. 18, 2020, pp. 301–18. Disponível em: periodicos.ifsul.edu.br/index.php/thema/article/view/1814.

COUTO E SILVA, Golbery do. *Geopolítica do Brasil* [1966]. Rio de Janeiro: José Olympio, 1967.

CRARY, Jonathan. *24/7: capitalismo tardio e os fins do sono* [2013], trad. Joaquim Toledo Júnior. São Paulo: Ubu Editora, 2016.

DEAN, Mitchell. *Governmentality: Power and Rule in Modern Society* [1999]. Los Angeles: Sage, 2010.

____. "Powers of Life and Death beyond Governmentality". *Cultural Values*, v. 6, n. 1–2, 2002, pp. 119–38.

DELEUZE, Gilles. "Post-scriptum sobre as sociedades de controle" [1990], in *Conversações*, trad. Peter Pál Pelbart. São Paulo: Editora 34, 2010, pp. 223–30.

____. "O que é um dispositivo?", in *Dois regimes de loucos: textos e entrevistas (1975–1995)*, trad. Guilherme Ivo. São Paulo: Editora 34, 2016, pp. 359–69.

DEJOURS, Christophe. *A banalização da injustiça social* [1998], trad. Luiz Alberto Monjardim. Rio de Janeiro: Ed. FGV, 2007.

DORON, Claude-Olivier. *Dynastique et pouvoir dans "Théories et institutions pénales"*. Intervenção no Séminaire Foucault, Université Paris, Paris, 2015. Disponível em: academia.edu/12165032/_Dynastique_et_pouvoir_dans_Théories_et_institutions_pénales_.

DUARTE-PLON, Leneide. *A tortura como arma de guerra: da Argélia ao Brasil: como os militares franceses exportaram os esquadrões da morte e o terrorismo de Estado*. Rio de Janeiro: Civilização Brasileira, 2016.

DUNKER, Christian I. L. *Mal-estar, sofrimento e sintoma*. São Paulo: Boitempo, 2015.

DURANTAYE, Leland de la. *Giorgio Agamben: A Critical Introduction*. Stanford: Stanford University Press, 2009.

DURANTE, Graziela. "The Melancholy of Social Life: The Power of Loss in Judith Butler". *Humana.Mente*, v. 12, 2010, pp. 107–22.

DÜRR, Christian. *El dispositivo de la desaparición: el sistema del terror y su elaboración en las narrativas de sobrevivientes de los CCDTYE argentinos.* Temperley: Tren em Movimiento, 2017. Disponível em: academia.edu/27157469/el_dispositivo_de_la_desaparici%c3%93n.

ESPOSITO, Roberto. *Bíos: biopolitica e filosofia*. Torino: Einaudi, 2004.

FAVARETTO, Caio M. R. *Do governo dos vivos: Giorgio Agamben, biopolítica e estado de exceção.* Dissertação de mestrado. São Paulo: Faculdade de Filosofia, Letras e Ciências Humanas – Universidade de São Paulo (USP), 2016.

FEIERSTEIN, Daniel. *El genocidio como práctica social: entre el nazismo y la experiencia argentina.* Buenos Aires: Fondo de Cultura Económica, 2014.

FERREIRA, Letícia C. M. *Dos autos da cova rasa: identificação de corpos não identificados no Instituto Médico-Legal do Rio de Janeiro, 1942–1960.* Rio de Janeiro: e-papers/Laced-Museu Nacional, 2009.

___. "'Apenas preencher papel': reflexões sobre registros policiais de desaparecimento de pessoa e outros documentos". *Mana*, Rio de Janeiro, v. 19, n. 1, 2013, pp. 39–68.

___. *Pessoas desaparecidas: uma etnografia para muitas ausências.* Rio de Janeiro: Ed. UFRJ, 2016.

FINUCANE, Brian. "Enforced Disappearance as a Crime under International Law: a Neglected Origin in the Laws of War". *The Yale Journal of International Law*, v. 35, n. 171, 2010, pp. 172–97.

FÓRUM BRASILEIRO DE SEGURANÇA PÚBLICA. *Anuário brasileiro de segurança pública: 2017.* São Paulo: Fórum Brasileiro de Segurança Pública, 2017.

FOUCAULT, Michel. "O sujeito e o poder" [1982], in H. Dreyfus e P. Rabinow (orgs.). *Michel Foucault, uma trajetória filosófica: para além do estruturalismo e da hermenêutica*, trad. Vera Porto Carrero. Rio de Janeiro: Forense Universitária, 1995.

___. *Em defesa da sociedade: curso no Collège de France (1975–1976)*, trad. Maria Ermantina Galvão. São Paulo: Martins Fontes, 1997.

___. *Dits et écrits I: 1954–1975.* Paris: Gallimard, 2001.

___. *Dits et écrits II: 1976–1988.* Paris: Gallimard, 2001.

____. *Vigiar e punir: o nascimento da prisão* [1973], trad. Raquel Ramalhete. Petrópolis: Vozes, 2002.

____. *A verdade e as formas jurídicas* [1973], trad. Roberto Cabral de Melo Machado e Eduardo Jardim Morais. Rio de Janeiro: NAU, 2003.

____. *Naissance de la biopolitique: Cours au Collège de France (1978–1979)*. Paris: Seuil, 2004 [ed. bras.: *Nascimento da biopolítica*, trad. Eduardo Brandão. São Paulo: Martins Fontes, 2008].

____. *Sécurité, territoire, population: Cours au Collège de France (1977–1978)*. Paris: Seuil, 2004 [ed. bras.: *Segurança, território, população*, trad. Eduardo Brandão. São Paulo: Martins Fontes, 2008].

____. *História da sexualidade 1: a vontade de saber* [1977], trad. Maria Thereza da Costa. Rio de Janeiro: Graal, 2012.

____. *La Société punitive: Cours au Collège de France (1972–1973)*. Paris: Seuil/Gallimard, 2013 [ed. bras.: *A sociedade punitiva*, trad. Ivone C. Benedetti. São Paulo: WMF Martins Fontes, 2015].

____. *Théories et institutions pénales: Cours au Collège de France (1971–1972)*. Paris: Seuil/Gallimard, 2015 [ed. bras.: *Teorias e instituições penais*, trad. Rosemary Costhek Abilio, São Paulo: WMF Martins Fontes, 2020].

FREUD, Sigmund. *O mal-estar na civilização, novas conferências introdutórias à psicanálise e outros textos (1930–36)*, trad. Paulo César de Souza. São Paulo: Companhia das Letras, 2010.

____. *Luto e melancolia* [1917], trad. Marilene Carone. São Paulo: Cosac Naify, 2011.

____. *Psicologia das massas e análise do eu e outros textos (1920–1923)*, trad. Paulo César de Souza. São Paulo: Companhia das Letras, 2011.

____. *O Eu e o Id, "autobiografia" e outros textos (1923–1925)*, trad. Paulo César de Souza. São Paulo: Companhia das Letras, 2011.

FROMM, Deborah. "Mercados de proteção e 'economização' da incerteza no Brasil em tempos de pandemia". *Dilemas, Reflexões na Pandemia* (seção excepcional), 2020.

GASPARI, Elio. *A ditadura escancarada*. São Paulo: Companhia das Letras, 2002.

GATTI, Gabriel. *El detenido-desaparecido: narrativas posibles para una catástrofe de la identidad*. Montevideo: Trilce, 2008.

GIGENA, Andrea Ivanna. "Necropolítica: los aportes de Mbembe para entender a violencia contemporânea", in A. F. Díaz (org.). *Necropolítica, violencia y excepción en América Latina*. Puebla: Benemérita Universidad Autónoma de Puebla, 2012, pp. 11–32.

GODOY, Marcelo. *A casa da vovó: uma biografia do DOI-Codi (1969–1991), o centro de sequestro, tortura e morte da ditadura militar: histórias, documentos e depoimentos inéditos dos agentes do regime.* São Paulo: Alameda, 2014.

GOERER, Geoffrey. "The Pornography of Death". *Encounter*, n. 25, 1955, pp. 49–52.

GOMES, Rodrigo. "Governo Bolsonaro altera notificação de mortes por Covid-19 para derrubar números". *Rede Brasil Atual*, Saúde e Ciência, 24 mar. 2021. Disponível em: redebrasilatual.com. br/saude-e-ciencia/2021/03/ governo-bolsonaro-altera-notificacao-de-mortes-por-Covid-19-para-derrubar-numeros/.

GREGORY, Thomas. "Dismembering the dead: Violence, vulnerability and the body in war". *European Journal of International Relations*, v. 22, n. 4, 2016, pp. 944–65.

GRZINIC, Marina. *From Biopolitics to Necropolitcs*, 2009. Disponível em: old.thk-generator.net/ sr/openedsource/from-biopolitics-to-necropolitcs.

HARCOURT, Bernard E. *The Counterrevolution: How Our Government Went to War against Its Own Citizens*. New York: Basic Books, 2018.

HATTORI, Márcia Lika et al. "O caminho burocrático da morte e a máquina de fazer desaparecer: propostas de análise da documentação do Instituto Médico-Legal-SP para antropologia forense". *Revista do Arquivo*, n. 2, 2016, pp. 1–21. Disponível em: arquivoestado.sp.gov. br/revista_do_arquivo/02/ artigo_03.php.

HERRERA, Genaro Arriagada et al. *Seguridad nacional y bien común*. Santiago: Cisec, 1976.

HESPANHA, Luiz. "A primeira Comissão da Verdade", in I. Cardoso e L. Bernardes (orgs.). *Vala clandestina de Perus: desaparecidos políticos, um capítulo não encerrado da história brasileira*. São Paulo: Instituto Macuco, 2012, pp. 23–42.

JARDIM, Fabiana A. A. "Dos gestos (e imagens) necessários à afirmação da vida: cultura, política, práticas de memória e pandemia". *Dilemas*, Reflexões na Pandemia (seção excepcional), 2020. Disponível em: reflexpandemia2021.org/ texto-109.

KALUSA, Walima T. "The Killing of Lilian Margaret Burton and Black and White Nationalisms in Northern Rhodesia (Zambia) in the 1960s". *Journal of Southern African Studies*, v. 37, n. 1, 2011, pp. 63–77.

KEARL, Michael C. e Anoel RINALDI. "The Political Uses of the Death as Symbols in Contemporary Civil Religions". *Social Forces*, v. 61, n. 3, 1983, pp. 693–708.

LACAN, Jacques, *O seminário – livro 6: o desejo e sua inter-*

pretação [1958–1959]. Rio de Janeiro: Zahar, 2016.

LAPYDA, Ilan. "Cotações da morte". *A Terra é Redonda*, 30 abr. 2021. Disponível em: aterraeredonda.com.br/cotacoes-da-morte/.

LEBRUN, Gérard. *O que é poder?* [1981], trad. Renato Janine Ribeiro e Sílvia Lara Ribeiro. São Paulo: Brasiliense, 2004.

LEMKE, Thomas. "'The Birth of Biopolitics': Michel Foucault's Lecture at the Collège de France on Neo-Liberal Governmentality". *Economy and Society*, v. 30, n. 2, 2001, pp. 190–207.

___. *Biopolitics: An Advanced Introduction*. New York/ London: New York University Press, 2011.

___. *Foucault, governamentalidade e crítica* [2011], trad. Mario Antunes Marino e Eduardo Altheman Camargo Santos. São Paulo: Politeia, 2017.

LOSURDO, Domenico. "Como nasceu e como morreu o 'marxismo ocidental'", trad. Carlos Alberto Dastoli. *Estudos de Sociologia*, v. 16, n. 30, 2011, pp. 213–42.

MACHERREY, Pierre. "Out of Melancholia: Notes on Judith Butler's 'The Psychic Life of Power: Theories in Subjection'". *Rethinking Marxism*, v. 16, n. 1, 2004, pp. 7–17.

MBEMBE, Achille. *On the Postcolony*. Berkeley: University of California Press, 2001.

___. *Necropolítica: sobre el gobierno privado indirecto*. Santa Cruz de Tenerife: Melusina, 2011 [ed. bras.: *Necropolítica: biopoder, soberania, estado de exceção, política da morte*, trad. Renata Santini. São Paulo: n-1, 2018].

___. "Necropolítica, una revisión crítica", in J. L. Barrios et al. *Estética y violencia: necropolítica, militarización y vidas lloradas*. México: Museo Universitario Arte Contemporáneo/ Universidad Nacional Autónoma de México, 2012, pp. 131–39.

___. "Necropolítica" [2003], trad. Renata Santini. *Arte e Ensaios*, n. 32, 2016, pp. 123–51.

MCLOUGHLIN, Daniel P. "The Sacred and the Unspeakable: Giorgio Agamben's Ontological Politics". *Theory e Event*, v. 13, n. 1, 2010. Disponível em: doi:10.1353/tae.0.0118.

___. "The Politics of Caesura: Giorgio Agamben on Language and the Law". *Law Critique*, v. 20, 2019, pp. 163–76. Disponível em: doi.org/10.1007/s10978-009-9047-0.

MEDEIROS, Flavia. *"Matar o morto": a construção institucional de mortos no Instituto Médico-Legal do Rio de Janeiro*. Dissertação de mestrado. Niterói: Instituto de Ciências Humanas e Filosofia – Universidade Federal Fluminense (UFF), 2012.

MEDEIROS, Rogério e Marcelo NETTO. *Memórias de uma guerra suja*. Rio de Janeiro: Topbooks, 2012

MEREU, Italo. *A morte como pena: ensaio sobre a violência legal*. São Paulo: Martins Fontes, 2005.

MEZZADRA, Sandro. "En voyage. Michel Foucault et la critique postcoloniale", in P. Artières et al. (orgs.). *Michel Foucault*. Paris: L'Herne, 2011, pp. 352–57.

MIGNOLO, Walter. "El pensamiento des-colonial, desprendimento y apertura: un manifesto", in C. Walsh, A. G. Linera e W. Mignolo. *Interculturalidad, Descolonización del Estado y del Conocimiento*. Buenos Aires: Duke University/ Ediciones del Signo, 2006, pp. 83–123.

MILLER, Jacques-Alain. "A máquina panóptica de Jeremy Bentham" [1975], in J. Bentham. *O panóptico*, trad. Guacira Lopes Louro, M. D. Magno e Tomaz Tadeu. Belo Horizonte: Autêntica, 2008. pp. 89–125.

MONTELEONE, Joana et al. *À espera da verdade: empresários, juristas e elite transnacional, história de civis que fizeram a ditadura militar*. São Paulo: Alameda, 2016.

MORAIS, Thaís e Eumano SILVA. *Operação Araguaia: os arquivos secretos da guerrilha*. São Paulo: Geração, 2005.

MUHLE, Maria. "Sobre la vitalidad del poder: una genealogía de la biopolítica a partir de Foucault y Canguilhem". *Revista de Ciencia Política*, v. 29, n. 1, 2009, pp. 143–63.

NAPOLITANO, Marcos. *1964: história do regime militar brasileiro*. São Paulo: Contexto, 2014.

NORRIS, Andrew. "Giorgio Agamben and the politics of the living dead". *Diacritics*, v. 30, n. 4, 2000, pp. 38–58.

NOSSA, Leonêncio. *Mata! O major Curió e as guerrilhas no Araguaia*. São Paulo: Companhia das Letras, 2012.

OTO, Alejandro de e María Marta QUINTANA. "Biopolítica y colonialidad: una lectura crítica de 'Homo sacer'". *Tabula Rasa*, n. 12, 2010, pp. 47–72.

OLIVEIRA, Dijaci David de. *O desaparecimento de pessoas no Brasil*. Goiânia: Cânone, 2012.

PASCUAL, Alejandra Leonor. *Terrorismo de Estado: a Argentina de 1976 a 1983*. Brasília: Ed. UnB, 2004.

PADRÓS, Enrique S. *"Como el Uruguay no hay...": terror de Estado e segurança nacional no Uruguai (1968–1985), do pachecato à ditadura civil-militar*. Tese de doutorado. Porto Alegre: Instituto de Filosofia e Ciências Humanas – Universidade Federal do Rio Grande do Sul (UFRGS), 2005. Disponível em: hdl.handle.net/10183/6149.

____. "A política de desaparecimento como modalidade

repressiva das ditaduras de segurança nacional". *Tempos Históricos*, v. 10, 2007, pp. 105–29. Disponível em: e-revista.unioeste.br/index.php/temposhistoricos/article/viewFile/1229/1016.

PERRUSO, Camila A. *O desaparecimento forçado de pessoas no sistema interamericano de direitos humanos: direitos humanos e memória*. Dissertação de mestrado. São Paulo: Faculdade de Direito – Universidade de São Paulo (USP), 2010. Disponível em: doi:10.11606/D.2.2010.tde-04012011–133617.

PICHOT, André. *Histoire de la notion de vie*. Paris: Gallimard, 1993.

PIZARRO, Angélica e Ingrid WITTEBROODT. "La impunidad: efectos en la elaboración del duelo en madres de detenidos desaparecidos". *Castalia*, v. 1, n. 3, 2002, pp. 115–35.

REATO, Ceferino. *Disposición final: la confesión de Videla sobre los desaparecidos*. Buenos Aires: Editorial Sudamericana, 2012.

ROBIN, Marie-Monique. *Escadrons de la mort, l'école française*. Paris: La Découverte, 2008.

ROQUE, Tatiana. "O negacionismo no poder". *Piauí*, n. 161, 2020. Disponível em: piaui.folha.uol.com.br/materia/o--negacionismo-no-poder/.

____. "A queda dos *experts*". *Piauí*, n. 176, mai. 2021. Disponível em: piaui.folha.uol.com.br/materia/queda-dos-experts/.

SAFATLE, Vladimir. "Do uso da violência contra o Estado ilegal", in E. Telles e V. Safatle (orgs.). *O que resta da ditadura*. São Paulo: Boitempo, 2010, pp. 237–52.

____. *Grande Hotel Abismo: por uma reconstrução da teoria do reconhecimento*. São Paulo: WMF Martins Fontes, 2012.

____. *O circuito dos afetos: corpos políticos, desamparo e o fim do indivíduo*. São Paulo: Cosac Naify, 2015.

____. *Maneiras de transformar o mundo: Lacan, política e emancipação*. Belo Horizonte: Autêntica, 2020.

SAFATLE, Vladimir; Nelson da SILVA JÚNIOR e Christian DUNKER (orgs.). *Patologias do social: arqueologias do sofrimento psíquico*. Belo Horizonte: Autêntica, 2018.

____. *Neoliberalismo como gestão do sofrimento psíquico*. Belo Horizonte: Autêntica, 2021.

SALAZAR, Manuel. *Las letras del horror, v. 1: La Dina*. Santiago: LOM, 2011.

SANJURJO, Liliana; Larissa NADAI, e Desirée AZEVEDO. "Corpos, tempo e instituições: um olhar sobre os cemitérios na pandemia de Covid-19". *Dilemas*, Reflexões na Pandemia (seção excepcional), 2020.

SCHOTTE, Jacques. *Szondi avec Freud: sur la voie d'une psychiatrie pulsionelle*. Bruxelles: De Boeck, 1990.

SÓFOCLES. *Antígona*, trad. Márcio Mauá Chaves (manuscrito).

SPIVAK, Gayatri. "Can the Subaltern Speak?", in L. Grossberg e C. Nelson (orgs.). *Marxism and Interpretation of Culture*. Urbana/ Chicago: University of Illinois Press, 1988, pp. 271-313 [ed. bras.: *Pode o subalterno falar?*, trad. Sandra Regina Goulart. Almeida, Marcos Pereira Feitosa e André Pereira. Belo Horizonte: Ed. UFMG, 2010].

STOLER, Ann Laura. *Race and the Education of Desire: Foucault's "History of Sexuality" and the Colonial Order of Things*. Durham/ London: Duke University Press, 1995.

TELES, Maria Amélia de A. e Suzana K. LISBÔA. "A vala de Perus: um marco histórico na busca da verdade e da justiça!", in I. Cardoso e L. Bernardes. *Vala clandestina de Perus: desaparecidos políticos, um capítulo não encerrado da história brasileira*. São Paulo: Instituto Macuco, 2012, pp. 51-102.

UGARTE, Augusto Pinochet. *Geopolitica*. Santiago: Andres Bello, 1984.

VALENCIA, Sayak. *Capitalismo Gore*. Santa Cruz de Tenerife: Melusina, 2010.

VEYNE, Paul. "Foucault révolutionne l'histoire", in *Comment on écrit l'histoire*. Paris: Éditions du Seuil, 1978, pp. 201-42.

VIANNA, Adriana e Juliana FARIAS. "A guerra das mães: dor e política em situações de violência institucional". *Cadernos Pagu*, n. 37, dez. 2011.

VILLATOUX, Marie-Catherine e Paul VILLATOUX. "Aux origines de la 'guerre révolutionnaire': le colonel Lacheroy parle". *Revue Historique des Armées*, v. 268, 2012, pp. 45-53. Disponível em: journals.openedition.org/rha/7512.

VIRILIO, Paul e Sylvère LOTRINGER. *Guerra pura: a militarização do cotidiano* [1983], trad. Elza Miné e Laymert Garcia dos Santos. São Paulo: Brasiliense, 1984.

WEIZMAN, Eyal. *Hollow Land: Israel's Architecture of Occupation*. London/ New York: Verso, 2017.

Instituições

CÂMARA DOS DEPUTADOS. Lei nº 9.140, de 4 de dezembro de 1995. Brasília, 1995. Disponível em: planalto.gov.br/ccivil_03/leis/l9140.htm.

COMISSÃO DA MEMÓRIA E VERDADE DA PREFEITURA DE SÃO PAULO. *Relatório*. São Paulo: Secretaria de Direitos Humanos e Cidadania da Prefeitura Municipal de São Paulo, 2016. Disponível em: prefeitura.sp.gov.br/cidade/secretarias/

upload/direitos_humanos/RelatorioCMV_DVD.pdf.

COMISSÃO DA VERDADE DO ESTADO DE SÃO PAULO "RUBENS PAIVA". *"Bagulhão": a voz dos presos políticos contra os torturadores*. São Paulo: Assembleia Legislativa do Estado de São Paulo, 2014.

____. *Relatório*, t. 1, parte 1: *a formação do grupo de antropologia forense para a identificação das ossadas da vala de Perus*. São Paulo: Assembleia Legislativa do Estado de São Paulo, 2015. Disponível em: comissaodaverdade.al.sp.gov.br/relatorio/tomo-i/downloads/I_Tomo_Parte_1_A-formacao-do-grupo-de-antropologia-forense-para-identificacao-das-ossadas-da-vala-de-perus.pdf.

COMISSÃO NACIONAL DA VERDADE. *Relatório*, v. 1. Brasília: Comissão Nacional da Verdade, 2014. Disponível em: cnv.memoriasreveladas.gov.br/images/pdf/elatório/volume_1_digital.pdf.

____. *Relatório*, v. 3: *Mortos e desaparecidos políticos*. Brasília: Comissão Nacional da Verdade, 2014. Disponível em: cnv.memoriasreveladas.gov.br/images/pdf/relatorio/volume_3_digital.pdf.

GRUPO DE TRABALHO PERUS. *Relatório da pesquisa preliminar e antemortem*. São Paulo, 2016.

SECRETARIA DE DIREITOS HUMANOS DA PRESIDÊNCIA DA REPÚBLICA. *Habeas corpus: que se apresente o corpo – A busca dos desaparecidos políticos no Brasil*. Brasília: Secretaria de Direitos Humanos, 2010.

SOBRE O AUTOR

FÁBIO LUÍS FERREIRA NÓBREGA FRANCO nasceu em Taubaté, São Paulo, em 1983. Concluiu o mestrado em filosofia na Faculdade de Filosofia, Letras e Ciências Humanas da Universidade de São Paulo (FFLCH–USP) em 2012 sobre a filosofia biológica de Georges Canguilhem, financiado pela Fundação de Amparo à Pesquisa do Estado de São Paulo (Fapesp) e com estágio na Universidade Paris VII–Denis Diderot. Em 2018, ainda como bolsista da Fapesp, doutorou-se em filosofia pela mesma instituição. Como pesquisador de pós-doutorado vinculado ao International Research Group on Authoritarianism and Counter-Strategies (IRGAC), do Rosa-Luxemburg-Stiftung, e ao departamento de psicologia clínica do Instituto de Psicologia da Universidade de São Paulo (IP-USP), Franco investiga necropolítica e a gestão do sofrimento psíquico no contexto do neoliberalismo no Brasil. Ocupa também o cargo de pesquisador visitante na cátedra de "Sociology of the Future of Work" na Einstein Center Digital Future (ECDF) e na Humboldt-Universität zu Berlin, ambas na Alemanha, e de professor convidado da Pontifícia Universidade Católica de São Paulo (PUC-SP), onde ministra as disciplinas de teoria psicanalítica no curso de especialização. É, ainda, psicanalista vinculado ao Fórum do Campo Lacaniano de São Paulo e pesquisador do Laboratório de Teoria Social, Filosofia e Psicanálise (Latesfip-USP).

Franco atuou como consultor da Organização das Nações Unidas para a Educação, a Ciência e a Cultura (Unesco), entre 2014 e 2015, junto à Comissão Especial sobre Mortos e Desaparecidos Políticos (CEMDP) da Secretaria Especial de Direitos Humanos da Presidência da República. De 2015 a 2016, foi assessor da Coordenação de Direito à Memória e à Verdade da Secretaria de Direitos Humanos e Cidadania da

Prefeitura Municipal de São Paulo, onde integrou os esforços de concepção, preparação e revisão da *Cartilha de enfrentamento ao desaparecimento* da prefeitura.

Textos selecionados

"Neoliberal Platform Capitalism and Subjectivity: A Study of the Hybridization between Labor Platformization and Viração in Brazil". *South Atlantic Quarterly*, v. 120, n. 4, 2021 (no prelo).

"Brasil: um laboratório do desaparecimento", in C. Vannuchi e L. P. Vilalta (orgs.). *Vala de Perus: um crime não encerrado da ditadura militar*. Salto, SP: Instituto Vladimir Herzog, 2021, pp. 215 –27.

"A gestão da pulsão de morte no capitalismo de plataforma". *Revista Cult*, 2020. Disponível em: <revistacult.uol.com.br/home/a-gestao-da-pulsao-de-morte-no-capitalismo-de-plataforma/>.

"Houve 100.000 mortes pela Covid-19? Necrogovernamentalidade, desrealização e luto". *Sig: Revista de Psicanálise*, v. 9, n. 16, 2020, pp. 75–84.

"Dispositivos de desaparecimento e políticas do luto", in M. L. G. Lopedote *et alii* (org.). *Corpos que sofrem: como lidar com os efeitos psicossociais da violência*. São Paulo: Elefante, 2019, pp. 243–53.

(com Virgínia Helena Ferreira da Costa e Catarina Pedroso) "Paranoia: da clínica à teoria social", in V. Safatle, C. Dunker e N. da Silva (orgs.). *Patologias do social: arqueologias do sofrimento psíquico*. São Paulo: Autêntica, 2018.

Da biopolítica à necrogovernamentalidade: um estudo sobre os dispositivos de desaparecimento no Brasil. Tese de doutorado. São Paulo: Departamento de Filosofia – FFLCH-USP, 2018.

"Do espetáculo ao encarceramento: os destinos da morte na filosofia de Foucault (1971–1975)". *Dois Pontos*, v. 14, n. 1, 2017, pp. 51–72.

COLEÇÃO EXPLOSANTE

COORDENAÇÃO Vladimir Safatle

Em um momento no qual revoluções se faziam sentir nos campos da política, das artes, da clínica e da filosofia, André Breton nos lembrava como havia convulsões que tinham a força de fazer desabar nossas categorias e limites, de produzir junções que indicavam novos mundos a habitar: "A beleza convulsiva será erótico-velada, explosante-fixa, mágico-circunstancial, ou não existirá". Tal lembrança nunca perderá sua atualidade. A coleção Explosante reúne livros que procuram as convulsões criadoras. Ela trafega em vários campos de saber e experiência, trazendo autores conhecidos e novos, nacionais e estrangeiros, sempre com o horizonte de que Explosante é o verdadeiro nome do nosso tempo de agora.

TÍTULOS

Petrogrado, Xangai, Alain Badiou
Chamamento ao povo brasileiro, Carlos Marighella
Alienação e liberdade, Frantz Fanon
A sociedade ingovernável, Grégoire Chamayou
Guerras e Capital, Éric Alliez e Maurizio Lazzarato
A vontade das coisas, Monique David-Ménard
A revolução desarmada, Salvador Allende
Uma história da psicanálise popular, Florent Gabarron-Garcia
Fazer da doença uma arma, SPK
O mito do desenvolvimento econômico, Celso Furtado
Sexo e desorganização, Jamieson Webster

© Fábio Luís Franco, 2021
© Ubu Editora, 2021

[CAPA] Vara de Execuções Penais do Rio de Janeiro, junho
de 2001. © Ana Carolina Fernandes / Folhapress
[PP. 2-3] © Funcionários terceirizados de limpeza fazem
sepultamento no cemitério de Vila Formosa, agosto de 2011.
© Moacyr Lopes Junior / Folhapress

PREPARAÇÃO André Albert
REVISÃO Débora Donadel, Gabriela Naigeborin
TRATAMENTO DE IMAGEM Carlos Mesquita

EQUIPE UBU
DIREÇÃO EDITORIAL Florencia Ferrari
COORDENAÇÃO GERAL Isabela Sanches
DIREÇÃO DE ARTE Elaine Ramos; Júlia Paccola e
Nikolas Suguiyama (assistentes)
EDITORIAL Bibiana Leme, Gabriela Naigeborin
COMERCIAL Luciana Mazolini; Anna Fournier
COMUNICAÇÃO / CIRCUITO UBU Maria Chiaretti;
Walmir Lacerda
DESIGN DE COMUNICAÇÃO Marco Christini
GESTÃO CIRCUITO UBU / SITE Laís Matias
ATENDIMENTO Micaely Silva

Dados Internacionais de Catalogação na Publicação (CIP)
Elaborado por Vagner Rodolfo da Silva – CRB-8/9410

F825d Franco, Fábio Luís
  Governar os mortos necropolíticas, desaparecimento e
  subjetividade / Fábio Luís Franco; prefácio de Silvio
  Almeida; posfácio de Vladimir Safatle – São Paulo:
  Ubu Editora, 2021. / 176 pp. / Coleção Explosante
  ISBN 978 65 86497 56 4

1. Política. 2. Filosofia. 3. Necropolítica. 4. Sociologia.
I. Título. II. Série.

2021–3155   CDD 320 CDU 32

Índice para catálogo sistemático:
1. Política 320
2. Política 32

Esta pesquisa foi realizada com o apoio da Fundação Rosa Luxemburgo com fundos do Ministério Federal para a Cooperação Econômica e de Desenvolvimento da Alemanha (BMZ).

UBU EDITORA
Largo do Arouche 161 sobreloja 2
01219 011 São Paulo SP
ubueditora.com.br
professor@ubueditora.com.br
 /ubueditora